18歳を市民に

高校生を市民にする実践を
学校を越えて語り合い、聴き合います！

あなたも**高生研**へ

（全国高校生活指導研究協議会）

★年会費 6,000 円（銀行引き落としで納入）
★会員には、本誌（年２回発行）と会員通信（年２回発行）が送付される。
★会員申し込みは、事務局：info@kouseiken.jp まで。

高生研研究指標（1997 年８月１日決定）

1　私たちは、憲法と教育基本法の平和と民主主義の理念を今日的に発展させる立場から、人権の発展を目指すグローバルな動向に学び、すべての子ども・青年の個人的権利と集団的権利の実現につとめ、民主的な高校教育を追求する。

2　高校生が学校をはじめとした生活の中で、多様で豊かな社会関係をとり結び、主体的・創造的な学びを獲得し、他者と共存・共生するわざや見通しを身につけるよう指導する。

3　高校生が自治的な諸活動をつくり出し、青年・父母・市民と協同・連帯して社会の発展に参加する中で、社会の民主的形成者としての品性と自治的能力を身につけるよう指導することを原則とする。

4　個の成長と集団の発展の関係に着目した「集団づくり」の実践的伝統を引き継ぎ、国家および市場による教育支配に対抗しうる文化・社会・学校を創造する新たな実践の筋道を探る。

5　広く子ども・青年、父母、地域住民、近接領域の専門家と交流・提携しつつ、教育慣行と教育政策・制度の民主的転換に取り組み、10 代の子ども・青年の自立に関わるすべての教育機関の総合的発展に寄与する。

（注）指標１にある「教育基本法」とは、1947 年３月 31 日に公布されたものである。

高校生活指導　2023年215号

18歳を市民に

表紙・本文デザインレイアウト／岡崎健二

「18歳を市民に」
第61回全国大会 2023東京大会 を準備中！

2023年の高生研全国大会は、東京の成城大学で行います。

2022 年度入学生から実施されている「観点別評価」や「一人一台端末による授業」など、高校の教育現場では大きな変化が起こっています。また、それに伴う研修や会議などで多忙化にも拍車がかかっています。そんな今だからこそ、高生研に参加してみませんか？　会場も小田急線の最寄駅から近くです。

「次世代につなぐ」をコンセプトに現地実行委員会では、若手とベテランが共同で、その準備にかかっています。一般分科会や問題別分科会など、大会全体で、そのような動きをつくり、対面で参加したくなる大会にしたいと思います。

交流会も 2 日間に渡り、企画されています。対面での議論・交流でこそ、響き合う大会が立ち上がり、それをオンランで参加する方にもつなぐことができると考えます。

全体会は、塚本徹さんの「(仮題)対等な関係性から始まる集団づくり～ケアの倫理を手がかりに～」の基調発題をもとに、生活指導の実践と理論を議論していきます。

ウィズ・コロナの中での大会運営は試行錯誤ですが、効果的な運営方法が見えてきているように思います。希望する多くの方がアクセスしやすい**全国大会 2023 東京大会**を進めていきます。是非、ご参加ください。

会期　２０２３年８月中旬予定
（当初日程の変更を余儀なくされ調整中　高生研 HP 等で案内します）

会場　成城大学（新宿より小田急線急行「成城学園前」駅、徒歩５分）

参加費　全日程(３日)参加 4,000 円　２日参加 3,000 円　１日参加 2,000 円
高生研会員（※会員会費還元により１～３日参加一律）2,000 円
学生・保護者 1,000 円（ただし大会実行委員として参加した場合は無料）
オンライン参加（紀要はダウンロード、分科会は限定的）1,000 円

主催　全国高校生活指導研究協議会

	9–13	13–17	17–18	18–20
第１日目	受付 10:30～ / 入門講座 11:00～12:15	全体会　13:00～17:00	休憩	交流会１ 18:00～20:00
第２日目	一般分科会9:00～12:30 / 昼食休憩 12:30～13:30	一般分科会13:30～17:00 / 問題別分科会13:30～17:00	休憩	交流会２ 18:00～
第３日目	一般分科会9:00～12:００ 問題別分科会 / 別れの集い 12:10～12:50 / 昼食休憩 12:50～13:30	総会13:30～15:30		

今後の会場等の事情により日程の一部変更はあり得ます。

問い合わせ・申込先
参加申込は、５月以降にスタートさせます。高生研ＨＰ（http://kouseiken.jp/）にアクセスして、情報の更新をチェックしてください。
ご不明のことがあれば、高生研全国大会チーフ 中西　治 taikai-chief@kouseiken.jp までお問い合わせください。

特集1

生徒たちが語りだすとき
—ナラティヴアプローチ—

矢継ぎ早に出される教育改革のなか、知らず知らずに、わたしたちは「社会が求める人材を効率よく育成する」ことが重要な仕事であるように思い込まされ、生徒を管理し、成果を上げるというドミナントストーリー（支配的な物語）に縛られている。そんな息苦しさをほどくオルタナティヴストーリー（別の物語）を生徒たちと共に語り始めるには、どのような働きかけや、どのような対話的関係が必要なのか。4つの実践記録、研究論文から考えていきたい。

生徒たちが語りだすとき ーナラティヴアプローチー

実践記録①

苦しみを抱えたAとの交流

ー「変わりたい」という声なき声を聴くー

私立高校　田島直樹

はじめに

私は、私立高校で勤めています。2021年の4月、新卒で常勤講師として採用されました。私が生まれ育った地域にある学校なので、勤務校のことは知っていました。「金髪のギャルが集まるヤバい学校」というイメージです。しかし、大学生になり教育のことを学ぶ中で、この学校に抱く印象が変化しました。この「ヤバい学校」は、私立学校という特性を生かした自由な教育実践を行っており、教育界でも一定の知名度があるものだということを、私は大学生になって初めて知りました。

雑誌『教育』や『高校生活指導』に書かれているこの学校に関する実践は、どれもが日本の学校にうまく適応できなかった（しなかった）子どもたちが集まるいわゆる「困難校」において、生徒たちの「困難」の背景に社会の「困難」を見据えて行われているものばかりでした。「自分もこの学校で教員として働きたい！」と思い、採用試験を受験しました。とはいえ、無事に採用されたはいいものの、教員という仕事の難しさを痛感する日々を送っています。

Aとの出会い

新卒1年目から、いきなり新入生の担任になりました。全員で32名、女子の多いクラスです。元々女子校だったこともあり、学校全体として女子の比率は高いです。右も左もわからない中、生徒たちの抱える「問題」の大きさに打ちひしがれていました。一人ひとりの生徒を丁寧に見ていこうと思っても物理的に不可能です。しかし、日々の時間を少しずつでも共に過ごす中で、徐々に関係性を作っていくことが大切だと実感させてもらいました。

Ａという生徒がいます。彼女は入学時の面談では終始無表情で、ほとんど言葉を発しません。保護者も交えたこの面談の最中に、母親だと思っていた方が祖母だということがわかりました。個人調査票には両親の名前が書いてあるので、何か事情があるとは思っていました。

ところが、このＡは問題行動など全く起こさないので、ともすれば視界から外れてしまいそうになります。強烈な女子たちにもみくちゃにされる日々で、Ａと過ごすのは放課後の時間でした。Ａは入学試験の成績は良いとは言えませんでした。しかし、入学直後から放課後は毎日教室に残り、授業の復習をしています。

私の日課の一つに、放課後Ａに話しかけることがいつの間にか加わっていました。「勉強好き？」「なんでそんなに勉強するん？」「友達できた？」「好きなこととかある？」しかし、何を聞いても返事はありません。不思議そうにこちらを見て、うなずくか首を横に振るだけです。まるで能面を被っているかのように、全く表情が変わらない彼女との会話は難しいものがありました。それでも、放課後の教室でＡと一緒に過ごすようになりました。私はＡの隣に座って仕事をして、Ａは黙々と勉強していました。会話がなくても、同じ空間で時間を過ごすことに意味があったと思います。

Ａと「議案書討議」

５月、ゴールデンウイークが明けたころから、Ａと会話ができるようになりました。印象的なのは、私がＡに声をかけるといつも決まって「私に話しかけてる？」と返ってきたことです。放課後の教室、私とＡ以外は誰もいない空間。「普通」に考えれば、私が声をかけるのはＡしかいません。しかし、Ａにとっては自分に話しかけられているのか、判断ができなかったようです。私にとっての「普通」が通じないことを感じた出来事です。このことに気づいてからは、まずＡの名前を呼んでから話しかけるようになりました。彼女との付き合いが1年以上経った今は、放課後教室に残っている彼女のもとへ近づくと、「なに？」と顔をあげてくれるようになっています。

6月、私の勤務する学校では生徒総会が行われますが、その取り組みは特殊なものです。生徒総会に向けて、生徒会執行部の生徒たちが自分の抱える「困難」を赤裸々に綴った文章を書きます。それを「議案書」に掲載して、各クラスで読み合わせを行います。この「議案書」を読むことを通して、一人ひとりが抱える苦しさを共有することで、その苦しさは個人の責任ではないということを自覚する契機となります。生徒たちの視点が、「個人」から「学校」や「社会」に広がることを目指しています。

生徒会の「議案書」を各クラスで読み合わせた後、放課後に一部の生徒で自分たちのことを語り合う時間を設けます。これを学校では、「議案書討議」と呼んでいます。クラスの生徒たちにも、自分の経験を文章にしていくように指導していきます。実名で、顔を合わせて、自らの経験を自らで語るためには、安心できる雰囲気が必要だと感じます。これまでの人生で、何度も傷つけられてきた生徒たちにとって、他者と関わることはとてもハードルが高いです。だからこそ、「語ってもいい」「語りたい」と思えるように、クラス全体ではなく、放課後に少人数で行うことが重要だと思います。

1年次のクラスでは、この「議案書討議」を行えました。しかし、2年次のクラスでは「議案書討議」を行うことができませんでした。10人ほどが放課後に残っているものの、誰も自らの経験を書き、語ることができなかったのです。その原因は、生徒間の関係をうまく作り上げられていなかった点にあると考えられます。クラスの中に安心できる空気を作ることが教師にできるのかは疑問ですが、もう少し生徒たちが語り合えるようなアプローチができたのではないかと反省しています。

Aは、1年次に自らの経験を綴り、2年でもそれに加筆をしています。しかし、2年間とも、文章を読み上げることはできませんでした。Aをはじめとする生徒が口々に言うのは「私のことに誰も興味ない」「話したって仕方ない」「誰にも言いたくない」というセリフです。個人の経験を語らせることが自己目的化してしまう状態は避けられるべきだと常に内省をしながら、しかしやはり、私は生徒が自らを開示することを生徒たちに求めます。

Aにとっても、彼女が自らの経験を綴ったことは意味があったと信じています。

Aの面談に祖母が来たのは、父親との関係に原因がありました。両親はAが4、5歳のころに離婚しています。父親に引き取られたAですが、父親は次々と女性を家に連れてきます。虐待を疑われるような言動を繰り返す父に反抗するも、さらなる抑圧がかけられ、Aの心は閉ざされていきます。家庭に居場所のないAは学校でも辛い経験をしています。他の生徒から嫌がらせをされていることを担任に言えず、言葉の乏しいAは、むしろ悪者に仕立て上げられます。苦しみを抱えたAは小学5年生の時に、勉強することをやめたそうです。中学3年の秋、父親と再婚相手との間に、新たな子どもが生まれます。それを機に、父親らとは離れて、父方の祖母宅でAは暮らし始めました。私が彼女と出会ったのは、このほんの数か月後でした。

Aの文章はB４一枚を埋め尽くすほどびっしりと書かれているのですが、その一部を引用します。

中学生になり、クラスの子らにいじめられました。このときにはもう誰かに相談するという選択肢が頭になかったので、誰にも相談しなかったので誰も助けてくれませんでした。二年生の時も、男子にいじめられ続け、三年生の時には人を信頼することや人への興味がなくなり、いつの間にか一人でいる方が好きになりました。みんなからは影が薄い、リアクションがないとか言われましたが、他人のことに興味がなくなっていたし、責められるよりも悪口の方がまだマシだと思うようになっていたので、あまり気にすることがなくなりました。それと、騒がしい場所にいるとストレスがたまるようになったり、感情が分からなくなったり、自分が思っていることをすぐに言えなかったりすることが多くなりました。感情をうまく表現できなかったり、伝えられなくなりました。ただ、中三の時には少し仲が良い人らもできました。その人たちと関わっているとボッチを確実に回避できたし、友達とも仲が深まったりしたから中学三年の時が一番楽しかったです。

中三の秋から、父とは別々に暮らしています。父と再婚相手との間に子どもが生まれたからです。私は祖父母と一緒に暮らしています。別々に暮らすようになっても、お父さんのことは変わらずに嫌いです。再婚相手の人に家事などをすべて押しつけているし、平和な環境で妹のことを育てているのかが気になるときがあります。

Aは、この文章を放課後の「議案書討議」で語ることはできませんでした。ただ、Aの文章を私が代読することは了承してくれたので、私が文章を読み上げました。Aは誰が書いたのかを匿名にしてほしいと言うので、そのようにしましたが、おそらくその場にいる全員がAの文章だと分かっていました。Aの意思を尊重して決して書き手の詮索をしない生徒たちの優しさを感じました。

Aはクラスメイトに対しても非常に無愛想でした。話しかけられても、笑顔で対応するなどはもちろん、ろくに返事すらしません。そのため、少し敬遠されているようでした。しかし、Aの過去を知ることで、生徒の間にもAを理解しようとする雰囲気が生まれます。人を見るとき、自分の目の前に現れている姿だけが全てではないということを生徒たちは自然と理解したようです。

その後、Aの文章をクラス全体でも共有することにしました。クラスの生徒たちはAの文章を読む私の声に耳を傾け、数人の生徒が自分の経験を綴ってきました。他の生徒たちも「Aに共感できる」「この人は、～と感じていたのかな」など、Aへのメッセージとも読める感想を書いてきます。それら一人ひとりの文章を手渡すと、「この人、全然私の気持ちわかってないわ～」などと笑いながら読んでいたAの姿は私の記憶に刻まれています。とはいえ、ここには反省もあります。Aの文章を読み上げた時、クラスの生徒が聞こうとしなければ、Aを傷つけるような発言をすれば、私はどうしていたのだろうか、と自問するからです。深い思慮のない私の行動が、何度も傷つけられてきたAの心をまた傷つけるところでした。

Aの変化

2学期からは、Aをどうにかクラス活動に巻き込もうと必死になる私と、それを面白がるように私の誘いを断り続けるAの関係が続きます。私「文化祭の準備するで。協力して！」A「なんで私がそんなことせなあかんの？私にメリットなくない？」私の呼びかけに対し、Aは笑顔で返事をします。内容とは裏腹に、和やかな会話を延々と繰り広げていました。

Aはごくまれに放課後のクラス活動に参加していました。本人曰く、「担任に雑用を押し付けられただけ」らしいですが、彼女が少しでもクラス活動に参加したことが嬉しかったです。Aは行事後の総括には必ず「面倒くさい。時間の無駄。行事なんてすべてなくなれ」と書いてきます。これは本心だと思いますが、球技大会でクラスメイトとバレーの練習をできたのが楽しかったとも語っていました。微かにでも「楽しい」と思えた瞬間があったということが、私にとって嬉しいことでした。

自分から人に話しかけることはないAですが、1年の後半には彼女の周りに数人の生徒が集まるようになります。ひたすら真面目に勉強をするAを信頼して、勉強を教えてもらったり、おしゃべりをしたりしていました。特に勉強面では、大人しい生徒だけではなく、クラスの「ボス」的な女子も彼女を頼りにしていました。普段から仲よくするわけではないけれども、勉強を聞かれれば一生懸命に教える姿が見られました。

A自身、中学生のころは授業の内容についていけず、苦しかったそうです。しかし、高校に入学してからコツコツと勉強を積み重ねて、授業の内容をすっかり理解できるようになっていきました。私は、学校の授業が全てだとは思いませんし、テストで高い点数を取ることだけが重要だとも思いません。ただ、これまでテストの点数で比較され続け、傷つけられてきたAが「数学で100点取れたのが嬉しすぎて、家に帰ったらすぐおばあちゃんに自慢した！」と笑顔で語っている姿を見ると、テストで高い点数を取るということもAが抱える傷つきからの「回復」には必要だと確信を持ちました。

2年生になったA

私は、2年に進級したAを引き続き受け持つことになります。Aは、1年の3学期にはクラスについて、他の生徒と意見を言い合えるようにまでなっていました。しかし、クラス替えで知らない生徒ばかりになったため、会話ができるのは私だけという状態になってしまいます。

コミュニケーションの仕方があまりにもぶっきらぼうなため、1学期のはじめはクラスメイトとの間に距離があったようです。しかし、気づけば彼女とクラスメイトが話している姿が見られるようになりました。休み時間には、1年のころ同じクラスだった生徒がAのもとへやって来て話している姿もありました。Aが自分で誰かのもとへ行くことはまずありません。基本的に、彼女は自分から人と関ることを避けているように見えます。

2年の「議案書討議」では、Aが1年のころの文章に加筆しています。ふたたび、その一部を引用します。

小学校の低学年の頃は、バカやったから他人に何を言われても気にしていませんでした。でも、今は他人と関わりたいとはあまり思いません。他の子と関わろうと思えないのは、みんな何か裏がある気がするのと、人に関心が持てないからです。グループみたいになるのも嫌です。でも、他人から話しかけられるのは別にいいです。ただ、話しかけられるとぎこちなくなってしまう時があります。

高校に入学してすぐのころは、知らない人ばかりでやばかったです。自分から話しかけるのが得意じゃないから、クラスの子とも、先生とも話ができませんでした。慣れれば大丈夫やけど。

去年はクラス活動にも少し参加しました。気分というか、誘われたからついて行っただけですけど。行事のことを色々やろうとするとお金がかかるし、他の子と仲良くできる自信ないし、勉強しようと思う気がなくなってしまうと思っています。だから、あんまり参加したくないです。人と関わりたいという気持ちは今でもあまりないです。

この文章からはAの葛藤をとても強く感じます。本当は誰かと話したい、一緒にいたいという思いが心の底から湧き上がってくる。しかし、Aにとって、他者と関わるという行為自体がトラウマとなっているため、自分で自分の心にブレーキをかけてしまっているようです。

2年目の文化祭でのA

2年の文化祭を1年前の文化祭と比べると、確かに彼女の変化を感じます。クラス活動に関心を示し、不器用ながらも関わろうとした瞬間が増えてきたと思いました。

私の勤務校の文化祭は少し変わったものです。各クラスがそれぞれ設定したテーマについて学び、その内容を展示することを文化祭の軸としています。これは「学ぶ文化祭」と呼ばれています。この活動にすべての生徒を参加させることは、はっきり言って不可能です。そもそも、日常の授業も成立しているとは言い難い状況で、なぜ「学ぶ文化祭」なのかという意見もあろうかと思います。しかし、たとえ一部の生徒しか真剣に取り組んでいないとしても、生徒会が中心となり、学校全体で「学び」を大切にしていこうとすることに意義があります。私は、生徒が学びから「逃走」するからこそ、学びに向き合わせることが必要だと考えています。古くさくて、生徒の実態と乖離しているように思える文化祭ですが、だからこそ逆説的に、生徒に必要なものだと思えてなりません。

とはいえ、文化祭は単なる「学習発表会」になっているわけではなく、模擬店や舞台発表、制作物の販売、教室の装飾なども各クラスで行われています。

私が担任するクラスは、修学旅行の行き先が沖縄ということもあり、テーマを「ひめゆり学徒隊」に設定しました。夏休みから学習会を開催し、少しずつ沖縄戦についての学びを深めていきました。1年の時には学習会に全く参加していなかったAも数回参加していました。沖縄戦について学ぶ中で、Aは「ひめゆり学徒隊」の生徒に感情移入し、引率教員の苦しさにも思いをはせるようになっていきます。そして、人々を戦争に駆り立てていった当時の教育のあり方に疑問を持つようになりました。

また、文化祭の当日には軽量粘土で作ったシーサーとミサンガを販売しました。いつの間にか粘土でシーサーを作る名人になっていたクラスの男子から、Aは作り方を教わっていました。「どうやるん？ 見本みせてー」と、声をかけて、クラスメイトとシーサーを作っていました。

一年前には「雑用ばかりさせられた。行事なんてなくなれ」と文化祭の振り返りに書いていたAですが、2年の文化祭では学んだことがたくさん書かれていました。「面倒くさい。暇。時間の無駄」とも書いていましたが。

同時に、Aが考える勉強の意味も少し変化してきたように思います。昨年までのAは、テストで高得点を取ることが全てで、テストの点数に関係ないことは学ぶ意味がないと言い放っていました。しかし、2年になってからは、授業内容そのものに関心を示すようになってきています。感想を書くことがとても苦手で、箇条書きでしか書けなかったAが、一生懸命に感想を書こうと挑戦しています。Aの発言が「どう書けばいいかわからへんから、書けへん」から、「どう書けばいいかわからへんけど、みんなこうやって書いてるんかなーとか想像しながら書いてる」に変わったことは、大きな変化です。

おわりに

固く閉ざされたAの心を開くのは容易ではありません。彼女が生きてきた15年という歳月の重みを、日々感じています。それでも、私や他の教員、クラスメイトたちと関わる中で、Aが少しずつ変化してきていることも事実です。私には、Aが変わりたい、成長したいというメッセージを、不器用ながらも出し続けているように思えてなりません。彼女の人生にとって高校生活は短いですが、いつか芽を出すことを信じて種を蒔き続けたいです。また、私自身、教師としてAから学ぶことがたくさんあります。彼女との交流の中で、教師として何をすべきかをこれからも考えていきたいです。

（たじま　なおき）

生徒たちが語りだすとき―ナラティヴアプローチ―

実践記録②

授業・HR・生活世界をつなぐ

―「冤罪」を学ぶということ―

私立高校　佐藤岬平

本校は勉強や生活に様々な「しんどさ」を抱える生徒や、発達上の課題を抱える生徒が多数在籍している。友達関係のトラブルやいじめで傷ついてきた生徒も多い。授業を「成立」させることも一苦労で、生徒をいかに授業に惹きつけて参加させるか、毎時間が勝負である。そのなかで、目の前の生徒たちに必要な学びとは何かを考え、授業を構想し実践してきた。

憲法の学習もそうである。ただ「人権」について教えるだけでは生徒たちは学ばない。そこで、「自由権」の学習では、映画『それでもボクはやってない』を題材にして「身体の自由」について扱った。映画や映像を見せても生徒たちは見ない場合があるが、この映画を見せたときは生徒たちの反応がよかった。

文化祭のテーマは「冤罪」

そこで、文化祭のクラステーマも「冤罪」にしようと考えた。本校では、50年以上前から、単なる生徒の取り組みとしての文化祭だけでなく、「学ぶ文化祭」として、「学力回復の一方策」として位置づけ、授業とはまた違った意味で学習にこだわり追求してきている。

勉強や生活に様々なしんどさを抱え傷ついてきた生徒たちが多く在籍する本校では、HR活動が授業を支える役割を果たしている。私もクラス役員を中心に毎日放課後学習会を開き、学び合う雰囲気をクラスに作ってきた。

クラス役員に「文化祭のテーマ、『冤罪』でどうだろう？」と相談したところ、「けっこうみんな現代社会の映画（『それでもボクはやってない』）観てたしいいと思う」と意見が出たので「冤罪」について文化祭で学ぶことにした。こうして夏休みから、クラス役員7名を中心に、文化祭学習がスタートした。

夏休み初回の学習会では「冤罪弁護士」と呼ばれる今村核のドキュメンタリーをクラス役員で鑑賞。感想交流では「今村弁護士の生き方がかっこいい」という意見が出され、生徒たちは、弱い立場に置かれた冤罪当事者を全力で弁護する今村弁護士の生き方に惹かれたようである。リアルな学びを体験させたいと思い、8月の短縮授業が終わったあと、大阪地方・高等裁判所へと裁判傍聴に出かけた。ミナの感想である。

「これまでＤＶＤや冤罪被害者の本を読んだりして勉強はしてきたけれど実際行ってみると、当たり前ですが、犯罪を犯した人も自分たちと同じ一人の人間なんだと感じることができました。と、同時に犯罪者に対する人権問題について考えさせられました。この人も生まれた場所や育ち方が違うかったら別の人生があったんじゃないだろうか、こんなこと考えてもしょうがないとは思いますが今自分がこの家に生まれて貧乏なりにも学校に行かせてくれる親がいて幸せだと思います。」

おとなしく、自分のことをあまり話さないミナが感想交流でこのような感想を出したことは、冤罪学習とミナの生活世界、ＨＲ活動が結びついたためだと言える。この裁判傍聴などの感想を取り上げながら、2学期からは、現代社会の授業でも「冤罪」をテーマに学習を行った。

授業で「冤罪」を学ぶということ

授業では「なんでなん？」「それおかしいやん」などの、生徒の疑問や怒りを大切にしている。このような生徒の単純な疑問や直感的な感想も「主体的な学び」の第一歩であると考える。

現代社会の授業で、『それでもボクはやってない』を何回かに分けて見せ、感想を書かせた。映画鑑賞の初回では次のような感想が出された。

「映画を見て、無実な人がいきなり捕まって取調室に連れていかれて『いつもこんなことやってんのか』といきなり怒鳴ってくるのは見ていて驚いた。取り調べと言ったら自分が思っている意見などを聞いてもらえる場所だと思っていた。だから、あんなに怒鳴ったり、自白させるように迫ってくるとは知らなかったからびっくりした」

「自分も調書とられたときに、警察が調書を書くとき、とてもいいように言わされたり、なかったことをあったような感じに書いたりしてた」

これらの生徒の感想を、生徒に発表してもらうなどして、共有しながら、なぜ、「冤罪」が起きるのかを考えていった。感想も、疑問点や「おかしい」という怒りの感情などを素直に書けばいいと最初は指導する。そこで出された疑問や怒りを共有し、学んでいくことで、学んだ内容を踏まえた(社会科学的な視点に立った)感想が書けるようになってくる。

授業では、映画をその都度止めながら、基本的な法律用語や、逮捕から判決までの流れを説明していく。「なぜ裁判官が途中で変わったのか」「裁判で証拠は全部出さなくていいのか」などの生徒の疑問を一緒に考えていく。そのなかで、社会科に苦手意識をもっていた―学びに傷ついてきた―生徒たちが、法律用語を用いながら感想を書けるようになっていった。

「検察と警察の違いも知らなかった。していることは同じような事だと思っていた。しかし、実際は全く違っていてびっくりした。警察官が取り調べをして、警察が裁判するかを決めていると思っていた。それが、警察は捕まえて、事情を聞くだけ、そこから裁判するか決めるのは検察官だったことにびっくりしたし、たくさんの人が勘違いをしてそうだなと思った。人質司法で罪を認めるまで勾留し、自白を迫り続けるやり方も許せないと思った。その後の検察官の取り調べの時、警察官と違って法のプロの人なら分かってもらえると思っていたが、警察官と同じように信じてもらえずに主人公を犯罪者として起訴する、そんなことがあっていいのかと私は思った。」

「判決言い渡しの時に、無罪だと信じていた主人公が、裁判官に『有罪』だと言われ主人公が言った『裁判官は信じてくれると思っていた』と言ったとき私は胸が締め付けられて見ていれなかった。こういう映画は最後には主人公がハッピーエンドになれると思っていたから本当にリアルな映画だと素直に思った。裁判の原則は『疑わしきは被告人の利益に』で、有罪の確信が持てなければ無罪のはずだけど、冤罪事件の場合だったら『疑わしきは被告人の利益に』を無視して、無罪かもしれないのに有罪の確信を作っているようにしか感じない。」

学ぶなかで変わっていく生徒たち

「冤罪」学習で大きく成長した生徒の一人がヒビキである。中学の先生に「本校以外行くとこない」と言われた生徒である。「2年生まではぜんぜん勉強のやる気がなかった」というヒビキ。放課後になると、女の子の話ばかりして、「幼児教育コース」(女子が大半のクラスである)の教室に入ってばかりいたので、周囲から嫌がられ、「出入り禁止」になったこともある(このことでも、教師に反発し、もめたりもした)。

しかし、文化祭の学習では、「何か課題ないの?」と、どんどん教師に要求し、学習を進めていくので、こちらが追いつかなかったぐらいである。授業でも、「現代社会」を中心に積極的に参加するようになってきた。ヒビキの母親も「息子に突然変異が起きた」とヒビキの変化に驚いていたほど、大きく成長した生徒である。本人も、「俺、6組じゃなかったら、こんなに学んでない」と誇らしげに語っていた。

「現代社会」の授業で、泉大津市コンビニ窃盗事件の冤罪当事者で、音楽グループ MIC SUN LIFE 代表者である土井さんに来てもらい、講演とミニライブをしてもらった。コロナ対策のため、講義室の前にシールドを取り付けてのミニライブだったが、大いに盛り上がった。生徒たちは、冤罪当事者の臨場感ある話を直接聞いて、より一層「冤罪」学習への興味と関心が高まったようである。講演が終わった後も、生徒たちからもっと話を聞きたいという意見が出たので、教室に戻って希望者で話を聞くことにした。他クラスの生徒も参加し、みんな真剣に話を聞き熱心に質問していた。

特に、ヒビキにはこの講演とミニライブがとてもよかったようで、さらに力を入れて「冤罪」学習に取り組むようになった。ヒビキの感想である。

「僕が印象に残ったことは『冤罪は誰にでもふりかかる』『一度冤罪をかけられてしまうと白にも黒にもならないグレーになる』と土井さんはおっしゃられていて本当にその通りだなと思います。ほんまに国家権力の理不尽なところが明らかになっていて僕は、『何が国家権力やねん』『まじでふざけんな』と思いました。コロナの中で、いろいろなことがなくなっていく中 LIVE というプレゼントもしていただいて思い出になったと思います。MIC SUN LIFEはいろいろな社会問題や気持ちの葛藤を描いてとても僕たちの胸に刺さりました。土井さんをはじめ他のメンバーは僕たちのためにあんなせいだいにしてくれて『ありがとう』でしかないです。」（ヒビキ）

授業では、さらに学びを深めようと、「飯塚事件」や「足利事件」を取り上げ、「冤罪と死刑」についても学んだ。その後、「裁判員制度」についても取り上げ、より司法の理解を深めていった。生徒たちは、『それでもボクはやってない』や、「三鷹バス痴漢冤罪事件」「御殿場事件」などで学んだ、司法の問題点と関連付けながら、裁判員制度の意義について考えていった。しかし、「飯塚事件」「足利事件」などを学んだことにより、裁判員制度において死刑の決定を出すということには戸惑いがあるという意見が多く出た。ミナの感想である。

「市民感覚を裁判に反映させるという裁判員制度の意義はとてもよくわかる。でも、そこに冤罪があるかもしれないと思うと死刑を選択することはできないと思います。死刑を執行することによって遺族の方が納得できるとは思えない。執行したとしても殺された人が戻ってくる訳でもない。さらに人にはひとりひとり「生きる権利」がある。犯罪の防止につなげるために死刑制度は必要だと言うのなら、もっと警察・検察の捜査を強化し、裁判官の判決もそれに見合ったものにするべき。それに殺人を犯すくらいにまで至っている人は、死刑やそれ以外でも重い刑が下されるのは分かったうえで犯行に及んでいると思うので、意味がない。そもそも犯罪全体（特に殺人）を通して、私が思うのは社会の責任が一番大きいと思う。その人の育った環境がいいから、仕事、勉強ができるとか、心の広い人とかいうのなら、その逆もあると思う。子どもの時に育児放棄や親からの虐待などを受けてしまったために心が歪み、犯罪を犯すきっかけになっていると思うので、社会全体を見直し、格差問題がなくなっていけば殺人や暴行、傷害罪などは減らしていけると思います。」

授業の内容も、抽象的なものに終始するのではなく、そこにある人々の生き方を想像し自身の生活と重ね合わせることによってより学習が深まっていくようなものにしなければならない。例えば、冤罪学習においても、様々な具体的事件の冤罪当事者を取り上げ、そこにある様々な人生を考えることで、生徒たちは自分たちの生活世界と重ね合わせて考えることができるのである。

「法学部に行きたい」

冤罪当事者として、もう一人、映画「それでもボクはやってない」のモデル（の一人）となった男性の方にも来てもらおうとしたが、コロナの影響で来られないため、実現しなかった。

そこで、誰か代わりに講演をしてくれる人を探していたときに、「えん罪救済センター」にお願いすることを考えた。そのことをクラス役員に相談すると、コウセイが自ら連絡を取りたいと言ってきたので、任せてみることにした。えん罪救済センターに自分で電話をかけ、その後メールでやりとりをしているコウセイをみて、ずっと「受け身」だった彼の成長を感じた。

コウセイは、力はあるものの自分を素直に出すことが苦手な生徒である。コツコツ頑張るタイプであるが、変にプライドが高く、できない自分、がむしゃらに頑張る自分を出すことが苦手である。

そんなコウセイが、文化祭本番が間近に迫るなか、「法学部に進路を変更したい」と言ってきた。実は、この数日前に指定校推薦の校内面接を受けたばかりで、社会学部への指定校推薦が決まっていた。この間の現代社会の授業や文化祭学習で「冤罪」を学ぶにつれて、「もっと司法について学びたいと思うようになった」と彼らしく、少し照れ臭そうに話していた。自分の意志で何かをしたいとはっきりと伝えるコウセイに、成長を感じるのと同時に、彼の進路変更を応援しようと思った。

コロナのこともあり、オンラインでの講義になったが、「えん罪救済センター」代表の稲葉さんに講演してもらうことになった。この講演は、午前中授業の日に、学校が終わったあと午後からおこなった。事前に授業で案内文を配り、呼びかけた。当日はクラスの生徒を中心に他クラスの生徒も参加し、決して簡単とは言えない冤罪の講演を真剣に聞いていた。

コウセイはそこでも積極的に発言しており、学びを通して変わっていく彼の姿を頼もしく感じた。

「2学期は、私を大きく成長させてくれた時期だったと思います。2学期始まってすぐの時、私は明確な進路先、将来やりたい事が見つかっておらず、正直不安な日常を送り続けるばかりでした。しかし、今では明確な目標が見つかり、進路先、将来やりたいことも見つかりました。そのきっかけとなったのは文化祭での取り組みです。

学びはじめた頃は何も知らなかった私が、進路を変更するほど、『司法』について興味を抱きました。これほど身近に起こっていることでさえ、ほとんど知らなかったのであれば、まだ社会には私の知らないことが数えきれないほどあるのだろうなと思いました。『司法』のほかにも、これからは社会全体を見つめ直していこうと思います。」

授業で冤罪学習の振り返りに入ったころ、他のクラスからも裁判傍聴に「行ってみたい」との声が出てきた。そこで、授業で「裁判傍聴」の案内を配布し、希望者を募り、「裁判傍聴ｖｏｌ．２」を決行した。カエデ、ヒビキ、コウセイも、２回目の参加。朝から、夕方まで、裁判を傍聴していた。学ぶことの面白さを実感しているようである。そして、「社会科」という教科が好きになったようである。

「冤罪事件について学んだ時も、学ぶ前はニュースで事件を見ても興味なかったし、人ごととしか思っていなかったけど、学んでからは人ごとじゃないと分かったし、ニュースの事件を見ても、本当にやったのかなと疑問に思ってしまうことが増えた。そうやっていろんなことに対して、疑問に思うようになったのは、みんなで学ぶことが楽しいとこの学校で感じることができたからだと思います。」（カエデ）

「僕は冤罪というテーマで文化祭学習をしてきて、『自分にはどうせ関係ない』『こんなこと学び、絶対将来に役たたん』とか思っていたけど、正直この日本で住んでいたら誰にでも起こりうることでとても恐怖を感じた。それと同時にクラス役員としてみんなのために頑張れたと思います。

この２学期をふりかえってとても成長できたと思います。現社で高い得点をとれてとてもよかったし、テストで点をとることでやりがいをとても感じられた。徐々に、自分に対し、『わからん』ということを聞いてくれる子が増えてとても教えることが楽しかったし、気分がとてもよかった。」（ヒビキ）

コウセイは、中学のとき勉強についていけなくなり、親に嘘のテストの点数を言っていたが、三者面談でそれがバレて親や教師に怒られたことがある。また、中学の時の社会のテストでは1桁の点数を取ることもあったという。そんなコウセイが、今回のテストで98点をとった（１００

点を取れずにとても悔しがっていたが）。また、共に学ぶなかでクラスの見方も変化してきたようである。

「これほどまで変わることができたのは、KGノート（家庭（K）学習（G）用のノートのことであり、その日の授業の復習に使う）、充実ノート（主に社会科の授業の感想や疑問点を、ノート1ページほどの分量で書くノート――佐藤注）、放課後学習会の影響が大きいと思います。中学時代の私は『勉強は1人でするもの、他の人とする必要はあるの？』と思っていました。……後悔していることは、クラス役員らしいことをできなかったこと、生徒会役員を辞めてしまったことです。今でも人前で何かをすることが大の苦手で、そんな自分が嫌いで、今もっとも克服したいと思っていることです。そういった事全てを克服することができる環境が整っている学校だと私は思います。授業も騒がしい時があるけれど、逆に言えば自分らしさを発信することのできる学校であると思う。」

このコウセイやカエデ、ヒビキの感想にあるように、生徒たちが「冤罪」学習にのめりこんだのは単に授業だけの学びによるものではない。放課後学習会や文化祭などの集団作りのなかで、互いの生活世界が結びつき、授業（学習）によって生活世界が捉え返されたのではないか。そして、「冤罪」を通した学びが、生徒たちのこれまでの生活での「疎外感」を相対化することにつながったのではないだろうか。

これまで勉強に傷ついてきた生徒たちは、ある種「冤罪」的状況に置かれていたのだと思う。本校では、文化祭などの生徒会活動を中心に「奪われた学力」を回復させる取り組みを行っている。「奪われてきた学力」や生徒たちが置かれた生活世界と、「冤罪」は通底するものがあったのだと思う。また、「冤罪」を学ぶ中での言葉の獲得は、自己を語る言葉の獲得であり、自己の生活世界を相対化する言葉の獲得であった。

ヒビキと、法学部への進学が決まったコウセイ、他クラスの生徒も、今度は法教育に関する懸賞論文に取り組むようになった。

（さとう　こうへい）

特集1 生徒たちが語りだすとき―ナラティヴアプローチ―

実践記録③

「呪い」を超えて、対話の方へ

私立高校　平馬悠哉

教員になって11年目。今は疲れて担任を降りて学年付きの副担任をしている。1つ目、2つ目のクラスとも、生徒からの反発と不信で最後はボロボロになって終わった。3つ目の新しいクラスが始まるとき、「温かさの中にも『ダメなものはダメ』と言い聞かせることができる強い指導で生徒をコントロールしなければ」と思った。もううっすらと、〝毅然と〟指導することが自分には合わない」とわかってはいたのだが、それができないようではダメな教師だと真面目に自分に思い込ませていた。

新しく始まったクラス、入学早々の1学期にいじめが起きた。男子生徒S男が電車で痴漢に遭った。Y男がそれをネタにしていじった。そのY男に、なぜ彼の被害体験をいじることができたのか、丁寧に訊いた。「中学のときのいじり合いの文化がくせになっている」と何度目かの問答で彼は言った。二度としないと決意を述べさせた。でもこの時何が悪いことなのか本人はおそらく自覚できていなかった。母親からは、入学当初にY男には発達障がいの可能性があると訴えられていた。普段の生活ではそのようなそぶりは感じられなかったため、彼の特性を私自身軽く見ていた。後述するようにY男は2年次にも同じ生徒を、しかも更に大きな規模でいじめた。

更にこの時、周りの生徒も一向に被害者S男の立場に立ってくれなかった。Y男はカースト上位だった。だから、同じ上位同士の生徒達はY男を弁護しつづけた。「なぜ被害者S男がそれほど騒ぐのか意味が分からない」と吐き捨てる、クラスの実質的なリーダーであった学級副委員長のA子は、「自分も痴漢に遭ったことがある。そんなことでいちいち騒ぐな」と言う。被害生徒S男は、中学でのいじめられ体験を持っていた。S男は学校を辞めると訴えた。しかし、彼とつながりの深いメンバー数人と私とで話し合いの場を何度も持った。この時は彼は学校に留まることを決めた。

1年の2学期、文化祭間近の社会の授業中、前述のY男とM男とが文化祭でクラスが使うベニヤ板に30分ほどかくれんぼをして遊ぶ事件が起きた（二人は学級委員会メンバーであり、この事件のほぼ1年後、S男に再びいじめを起こす当事者にもなる）。職員室で相談すると「この機会を上手く指導に使いたいよね」と言われ、一つの演出をしようということに。まず担任が「二人は文化祭に出せない。大事な授業ではしゃぐ二人が、文化祭になったらもっとひどくなるはずだからだ」とクラスに宣言する。クラスからは「いや、出させてくれ」と声が出る。そこで緊急クラス討議を開かせる。決を取らせて担任に「二人を出させてほしい」と申し入れをさせる。担任は二人を戻すが、そこにはいろんな条件をつける…そういうシナリオ。結果は概ね想定通りの流れにはなった。しかしこの時のクラス討議の場面で、先にY男にいじめられたS男と、彼と仲が良く、先にS男の退学を引き留めるグループにいた生徒2人だけは「保留」に手を挙げた。

文化祭直後、後期の学級委員会選挙があった。「かくれんぼ事件」を起こした生徒2名と、それに対してクラスで唯一当事者以外で「保留」に手を挙げた2名の生徒が競合で立候補した。前者の2人が勝った。票数は大差だった。先の指導がクラスとかみ合っていないことをここで初めて気づいた。

そのY男が、数学の宿題写しをしている現場を学年の体育の先生が押さえた。Y男は「数学の宿題のことをなぜ体育の先生であるあなたに指摘されなければならないのか」と抗弁したと報告を受けた。彼の言を詭弁だと決めつけた私は、これをクラス全体の前で報告し、「恥」[1]をかかせてやろう、そして担任はY男の首根っこをつかんでいるとクラスに思わせて、「秩序」を安定させよう。それが、S男やS男を支える子たちの安心につながるはずだから、という指導方針を持った。クラス全体の前で、私は事柄を面白おかしく報告し、Y男に皮肉っぽい話し方で釘を刺した。クラスは笑った。HR中彼は私をずっとにらんでいた。HR後、「自分の言っていることがなぜだめなのか、納得いかない」と言ってきた。彼は本気で怒っていた。クラスで「恥」をかかされ笑いものにされたことに対する侮辱も感じているようにも見えた。ああこれはまずかったなと思ったが、「こっちは正しいことを言っていて、その正しさを受け止められない君にこそ課題がある」と言って憚らなかった。

2年になり、2度目のいじめが発覚した。件のY男とM男、更に彼らと仲の良かったもう一人の男子生徒の3人が主たる行為をしていた。そして、クラスの多くの男子生徒が嘲笑に加わっていた。被害生徒S男は今度こそ学校を辞めると言う。何度も説得したが、学校と担任への信頼はすでに皆無だった。それに彼は、クラス全体から自分は蔑まれていると感じていた。事実、クラスの核であるはずの学級委員のメンバーは加害者に近く、被害者S男を護ろうと思う人は学級委員長ただ一人（1年次のS男の退学を止めたメンバーの一人）だった。

ちょうどその時期は、学校全体でもいじめが頻出していた。そして多くのケースで、「被害者が学校を辞めて、加害者が残る」という状況が生まれていた。このままでは自分のクラスも同じようになると思い詰めて「被害者が辞めるならば、加害者も辞めさせなければならない」と考え、結果そうさせた。

このことも辛かったが、なにより辛かったのが、クラスの生徒達からも辛い言葉が投げられたことだ。先に挙げた学級委員会がその急先鋒だった。彼らに数度、放課後に呼び出された。長時間話をしたが、本当のこと―被害者が辞めるから、加害者も応報的に辞めさせた―は、最後まで言えなかった。事が一旦落ち着き、HRで作文を書いてもらったときに、副委員長のA子は次のような文章を書いてきた。

…先生の話を聞いていても、納得する回答がないし、「被害者のS男君の気持ちを考えて、どのようにクラスに戻ってきてもらうかを考えることが大事」とか、「新たにクラスをつくっていこう」、とか言われても、S男君自身の明確な気持ち・考えが分からなければ、自分たちはなにもできないと思います。先生自身、「3人には辞めないで、全員で卒業したかった」と仰っていましたが、担任として、3人にどんな言葉をかけたのか気になりました。学校側の主張はとてもよくわかりましたが、先生の思い・考えがよくわからないし、通信も回収されてしまったので、読み取ることもできません。3人がやってしまったことはとてもいけないことは分かります。でも大切な3人の仲間を急に失って、何も言わないようないい子ちゃんではありません。…自分たちはまだ高校生です。ひどいことを言うかもしれませんが、自分は高校選びをもっとしっかりやればよかったと後悔しています。…みんなと平等になんて仲良くできません。3人（S男と、S男を護ろうとした生徒2人のこと：筆者注）と話しているとくやしい。精神的にもう無理と言っている人もいました。何を言いたいのかと言うと、今回の学校の対応、担任としての対応すべて正しかったのか、とても疑問に思いました。文章がぐちゃぐちゃですみません。

無力感でいっぱいだった。もうこの辺りになると教師を辞めたくなっていた。

3年になった。学級委員会の一人であるK男との間で（自分としては）ある決定的な事件が起きた。K男は、3年に進級してすぐ、春休み課題を出してこなかった。「ならば明日出しなさい」と指示。しかし彼は翌日も出さなかった。K男はこれまでこうしたことを繰り返していたこともあり、かなり強く叱責した。彼は「先生は『明日』とは言わなかった」と言い、結局言った言わないの言い合いに。そして「先生は不利益があったら声を挙げなさいと言っているのに、挙げると全然きいてくれないじゃないか。それなのに先生は生徒に命令する権利があるのか、生徒は絶対に従わなければならないのか」と彼に問われ、私は「そうだ」と反射的に答えた。でも、K男の言うことはもっともだとその時思っていた。自分の中で整合性がついていないところを、しっかり突かれた。でもそれは彼には言えなかった。一連のやりとりを聞いていた主任に「僕だったらそんな言い方はしないな」と一言だけ言われた。敗北感と屈辱感でいっぱいだった。

このことを、知り合いの小学校の先生に相談したら「あやまればいいんだよ」とけろっと言われた。それは当時の自分にはかなり抵抗があった。でも3年の夏休み直前、通知表を渡す時にK男にあやまった。僕の指示が確かにあいまいだった。申し訳なかったと。するとK男は驚いた後、ニヤッと笑って「へえ…先生ってそういうこと言う人だったんだ」と言った。悪い感じではなかった。むしろ初めて彼と人として会話ができた気がした。この出来事の後、彼とはよく話すようになった。その中で、こちらが本心を言うと、彼はきちんと応答してくれる人だということに気づいていった。

このK男とのやりとりを経て、これまでのやりかたとは違う実践を追求したいと今まで以上に強く思い始めた。そのような折、高生研全国大会で『プリズンサークル』を視聴した[2]。衝撃だった。とりわけ、作品中「修復的司法」の観点から対話的実践を試みている部分があった。「これだ」と思った。それ以降、修復的司法（修復的対話）関連の書籍を読み漁った。今は関連する団体にも所属して、修復的対話の理論と実践の勉強をしている。

修復的対話においては、加害者は自身の行為によってもたらされた被害者やコミュニティメンバーの苦しみや悲しみを、直接あるいは間接に聞く中で、その行為に対する（公恥としての）「恥」の意識を喚起し、やがて自身が犯した行為によって生じた損害をどのように修復できるのか、責任を負うことができるのかを模索するプロセスに入ることが期待されている。そして被害者にとっては、犯罪によって損なわれた関係の修復プログラムに様々な形で参画しニーズを表出することを通じて、被害感情に癒しがもたらされることが同時的に目指されていく。この修復的対話は、自分のクラスで起きた様々な事件に対する対話的な解決方法を教えてくれるような気がした。少なくとも、私がY男にやった「恥付け」はまったく間違ってることがわかった。そして、もしあのいじめ事件の時に、関係者が集い、彼のニーズを聞き合い、損なわれた関係を修復していくための対話がなされていけば、S男も退学を考え直すことがあったかもしれない。

彼らが卒業していって、副担任になった今年度、15人ほどしかいない文学を読み合う高2の選択授業を持っている。学力が最も低い子達が単位あわせのために取る授業でもある。生徒たちは、休み時間のたびに学校批判を繰り返し、そして授業中は居眠りや私語を止めることはない。中には学習障がいの傾向のある子も幾人かいる。彼らの発想はすごく面白くて、毎回の授業はとても楽しみなのだが、先日、とうとう授業を止めてしまった。さあ止めちゃったけどどうしようと思いつつ、これまでの〝毅然とした〟指導はもううんざりだったので、そうではない形で彼らと関係をつくりたいと思い、思い切って「会議サークル」の提案をした[3]。会議サークルは、椅子を円に並べて、一人ひとりがお題に沿って語り、メンバーはそれを聞き合うという形態をとる。そこには以下のようなルールがある。

①人が問題なのではない。問題が問題なのだ。②人が話している時は話さないでほしい。③会話は円をまわって一人ずつ行っていく。自分の番をパスする権利はあるが、望ましくはない。④この場で話したことは、この場に留めておくことを約束してほしい。⑤円という形は、誰もが話す権利を持っているということを意味していることを理解してほしい。

話すときは「トーキングピース」を順番に回して話しをする（この時はカメレオンのかわいい絵が描かれた石）。最初は私も緊張していて、足も震えていた。まずは軽めのお題、「自分をいつも笑わせてくれる人は誰？」、「今はまっているゲームや漫画や小説や音楽は何？」で一周ずつまわし、場をほぐす。生徒達は思いのほか話をしてくれた。

本題に入る際に、「『誰かが悪い』というのではなく、教室の中にある『問題』は何で、その『問題』に一人一人がどのように『影響』を受けているか、それを出し合おう。人が問題なのではなくて、問題が問題なんだ」ともう一度念を押し、「この授業で起きている問題は何ですか？そしてあなたはその問題にどのような影響をうけていますか？」というお題を出した。

「寝ている人が多いと、自分も寝て良いのかと思って、授業を受けたくなくなっちゃう」「先生が話しているときにも私語をしているのが気になる。本当は、もっと集中して学習をしたいと思っているんだけど…」「問いを考える時間が長いし、先生が一人ひとりに考えを聞き過ぎて、似ている答えが出て眠くなる」「頑張って生活リズムをつけようとしているのだけれど、どうしても眠ってしまって自分も悩んでいます」「自分が私語をしてしまって、自分が悪いのは自分と分かっているのですが…。気をつけたいと思う」

修復的対話では誰もが平等に発言する権利を持っている（そしてパスする権利を持っている）ので、私も自分がいかに毎回の授業を楽しみにしているかということ、その分準備も時間をかけてしてきていること、だからみんなの行為や態度によっていかに哀しい気持ちになったかを率直に一人称で伝え、「君たちの中には『先生はきちんと怒ったほうがいい』って書いてくれる人もいたけど、僕は昔から親とか剣道の先生に怒られ続けて、そのせいで未だにトラウマがあって、でも担任やっているときに毅然と怒らなくちゃいけないから頑張って怒っていたら、自分自身の気持ちが暴走して自分のことが大っ嫌いになっちゃった。だからもう怒るのはしたくないって思っているんだ。だから君たちと語ることの中から始めたいと思って、こういう場をもたしてもらったんだ」と語ってみた。生徒は真剣に聴いてくれていた。

次いで、「この問題を解決するために、あなたが個人でできることにはどのようなものがありますか？」「そして先生に援助してほしいことはどのようなことですか？」という問いでもう一周した。

「夜遅くまで起きないように、管理を頑張る」「前やったような班学習に戻してほしい。まとめたり議論したり、役割を決め合う中で眠さや私語がなくなると思う」「ロイロノートを活用することで、班活動と一人ひとりの意見を全て観るというのを可能にさせたい」「私語や居眠りは声を掛け合う」「前やったような、『大きなシート』に班の意見を書き込む作業もしていきたい」

全部で70分ほど語り合った。生徒は飽きることなく、最後まできちんと対話をしてくれた。最後に、「今日はありがとう。人間だから、今後も崩れちゃうこともあると思うけど、それはそれだからその時はまた話し合おうね」と言うと、生徒はちょっとほっとしている様子だった。

今もまだ私語や居眠りはあるが、前よりはだいぶ落ち着いている。なにより、授業の空気が優しく、前向きになったように感じる。ある女子生徒は、「サークル会議をやる前は私語が続いていたりして先生の話を聞かない人が居たり、居眠りをする人が多すぎてもう授業がいやになっていたけど、サークル会議で言いたいことが言えてよかった」と感想を言ってくれた。よく私語をする二人は、学年からは、札付きの子たちだと見なされて、厳しくまなざされたりよく指導を受けている。その内の一人の生徒は、これらのことをきっかけに、たとえば自分の体調のこと（来たくても来られないことが多い、でも先生には怠けと思われて信じてもらえない、頑張って学校に来ても小中から今まで褒められたことがない）などをよく話してきてくれたりもするようにもなった。

もう一つ、こんなこともあった。先日の高校1年生の古典の授業でのこと。授業開始前に生徒とおしゃべりしていた時、「があん」と大きな音がした。すわ何事かとみると教室の扉が外れている。何人かの男子生徒が悪ノリをして扉を外してしまったのは明らかな様子。とっさにこのまま全体で聞き取りをしてみようと思い立った。

私「誰が外したの？」　生徒「俺です」　私「W君かあ。あのさ、外しちゃったときどういう状況だったの？」　生徒「えっと…」

彼が発言した言葉をおもむろに黒板に書き出すと、その瞬間クラスの子たちは「何が始まるんだ」とざわつきながらもちょっと笑った。その笑いは嫌な感じではなかった。その雰囲気に背中を押され、更に「この時誰がいたの？」「君はなにをしていたの？」と事実関係を重ねて聞き、書き出していった。私が一番最初に疑いを向けてしまったT君に「君は何をしたの？」と訊くと、「俺は何があったか心配で駆け付けたんすよ！誤解っすよ！」と言ったので、ごめんごめんと言いながら「T君、正義感で駆け付ける」と書くと、教室がどっと沸いた。ドアを外した二人に、「どうしてやったの？」と訊くと「わるふざけというか、いじわるしてやろうと思って…」と応答。次いで、「この状況を解決するために何をすればいい？」と全体に訊く。当事者の子たちは「自力で直します」と言う。僕は、「自力で直らなかったら？」と訊いてみる。当該の子は詰まったので、委員長に訊くと「担任に相談します」と応答。

すべてのやりとりを終えたとき、生徒から拍手が上がった。当該の子たちはちょっと恥ずかしそうにしている。

この日の授業は、生徒たちはいつも以上に楽しそうに、集中してやってくれた。

（ひらま　ゆうや）

注

(1)これは修復的対話で言うところの、「再統合的恥付け論」としての「公恥」とは正反対の「私恥」というべき「恥」かかせである（竹原幸太『教育と修復的正義』—学校における修復的実践、2018年、成文堂、第8章）。

(2)この後、高生研の皆さんと座談会で学びを交流することができたのも大変ありがたかった（『高校生活指導』213号）。

(3)ジョン・ウェンズレイド、マイケル・ウィリアムズ（綾城初穂訳）『いじめ・暴力に向き合う学校づくり—対立を修復し、学びに変えるナラティヴ・アプローチ』、2016年、新曜社。

生徒たちが語りだすとき―ナラティヴアプローチ―

実践記録④

はざまをもがき、自分のことばを探し出す授業づくり

和光高校　畠中由美子

高校生が40人で国語を学ぶ意味とはなんだろうか。人が人の間で育つように、ことばもまた人との関係の中で育まれる。はっとさせられる他者のことばに出会った時に、あるいは自分が発したことばに相手が応える様子や返ってくることばがあって初めて自分の気持ちや問題意識を捉え直すことができる。思考し、本当に表現したいことを語る自分のことばを探すようになる。しかし、その他者に出会うことは決して簡単なことではない。

私たちの日常では、人を類型化して評したり、物事を単純化して断じたりすることばが多く行き交っている。そこに違和感を持つことがあっても、抗することばを持たなければ、そのまま飲み込んでやり過ごすことになる。むしろ、そのわかりやすいことの方に自分のこころを合わせて、人や物事をそれ以上見ようとしないことも多い。

だが本当は、人それぞれに気持ちや事情があり、簡単に括って評したり断じたりはできない。そのことに気づき、その重さに向き合っていく過程は、与えられたことばと、そぐわない感覚の狭間から、自分のことばを獲得しようとする過程そのものだ。決してわかりやすくはないそれぞれの「気持ち」や「事情」を集団の中で出しながら、それを捉えることばをそれぞれがみつけていく。それが、40人で共に学ぶ意味ではないだろうか。

最初の授業では、まず、そのようなことを問いかける。どこかにある偉いことば、正しいことばの習得がまずあるのではなく、どうにかして伝えたいという思いでことばや表現を探し、発し、相手のことばに耳を澄まし、受け留め、わかりたいという思いでそれを解読する。そういうやりとりでことばは磨かれるので、それができる集団に育ってほしいということを語る。実際に、自分のことばを受けとめてもらうってこういうことかと感じたり、相手のことばに出会うことで考えさせられることを、実感できるような教材と授業づくりに日々頭を悩ませている。

2022年度1年生授業開きの様子

まず、いくつかの簡単な授業開き教材で、自分を語ってもらった。印象としては、語ることは楽しそう。しかし、発想することが、あまりにも近視眼的であったり、課題の狙いに対して工夫を凝らすというよりは、内輪話をおしゃべりのように語るものが、例年よりも増えた印象で少し気になった。自分の中での対話、人に伝えたいという気持ち、少なくともそのどちらかがないと、自分の文章を意識したりはしない。クラスの様子が見えるまで、自分の出し方を迷いながら書くことは例年のことだが、それよりも、国語の課題で自分を表現する、他者を意識してかたちにする、という意識が希薄なのかもしれない。コロナも三周り目で、経験できることも限定された生活の中で過ごしてきたことと関係があるのかな、と心にかけた。

川上弘美「境目」を選んだ意図と年間を通じた目的

学習指導要領の変更で教科書も変わった。筑摩書房の『現代の国語』の中から川上弘美の「境目」という随想を読むことにした。西欧で過ごした小学校時代に差別を受けた経験を、「境目」をキーワードに語った5頁ほどの作品で、区別としての境目、人種や習慣の境目、季節の境目を例に、境目を引くことで大事に愛おしむものもあれば、差別や暴力が呼び込まれることもあることが描かれる。後者は違いを見えなくすることで解消されるようなものではなく、他と違う自分を「わたしにとってわたしはいいものなんだもん」と肯定している姿勢が印象的だ。

筆者の筋立てを押さえて、ふと意見を言いたくなる教材。閉塞感があって、中学校での活動も制限されていたとしても、経験の中で語りたくなることがあり、かつ、それがちょっと問われることができる教材として魅力を感じた。たとえば、違うものを線引きして、仲間意識を高める感じや、「みんな一緒がいいね。」と集団の中で違いを出さないようにしようとなるあたりだ。評論ではなく随想なので、意見というよりも感じ方をそっと出している文体が入りやすい。「わたしはあなたではなく、あなたは彼ではない。夏は秋ではなく、秋は冬ではない。それはなかなかに味のあることなのではないだろうか」と、「個の尊重」を主張するのではなく、「その方が豊かじゃない？」と語りかけられることを魅力に感じた。あるべきこと、は学校でも、社会でも、たくさん聞いていて、そのようなことを述べることばはいくらでも持たされている。だが実際の人間関係や自分の感情は理屈通りには動かない。その間にあることにもがきながら私たちは生きている。そのはざまにあるもがきを意識に上らせ、ことばとして語らせたい。それが自由を標榜するこの学校で、決められたことに従っていればいいのでもなく、ただ自分の好きにしていいのでもない、第三のあり方を集団的に探らせることにつながり、彼らの肩の荷を下ろす気がした。自然と括ること、区別したところに差別や暴力が生じるというところの読み解きと、もう一展開、ある違いをないものにしてしまう暴力性（本文ではその結果は「楽、必ずしも楽しからず」くらいの軽やかさで示されている）を彼らの実感に照らし合わせながら、無自覚な部分も含めて考え合いたかった。というのは、「あるある」と経験として頷くことはできても、自分が差別に加担していることは気づきにくいものだからだ。それでも、その「なんか嫌だったなあ」という感覚の正体を集団として捉えることに挑戦することができれば、学びとは正しいことを確認するプロセスではなく、他者とともに考え続け、関わっていく活きた過程であることを学んでもらえる。

初読の捉え

私が音読したところで「疑問に思うところ」「共感するところ」「授業で考え合いたいところ」に線を引いてほしいと促した。教材と自分との接点を見つけ、それをクラスで知り合うための促しなので、3つの区別は意識せず、2クラスは5、6人に発言を求め、1クラスは時間に余裕があったので、紙に書いてもらい印刷して読み合った。大きく分けて四つの捉え方があった。

一つ目は随想としての筆者の感じ方に共感したり、面白がったりするもので、「境目は不思議というのに同感。雨が降っているところと、降っていないところの境目に立ち会ったことがある。」や、季節を一つすごすということが「すなわちそれだけ死に近づくということである」から季節という境目をつくって、その一つ一つを愛おしむのだという部分を「感覚的で」「境目とつなげることが美しい」と評するものもあった。このような感想は、読み手として楽しむ態度を大事にしてそっと紹介する。

二つ目はヒロミの西欧での経験をどう受けとめたのかがわかる感想で「人間にも違いがあって、普段は気がつかないけれど、外国に行くと、それが顕わになる。」「文化の違いを差別だと受けとめる面白さ。自分の当たり前が当たり前ではない。」「日本と中国の区別がないのは複雑な気持ちになる。」「国が違って食べ方が違うことを指摘するなんて。自分も違う国に行けば、逆の立場になるのに。」など。

三つ目は一見素直だが、安易で人任せな感想である。「区別が差別や暴力を呼び寄せることは身近にもある。知らんぷりする人がいると思うが、いない世界になってほしい。」や「境目は差別の元だからなくした方がいい。」など、どのクラスでも出たが、そう感じた経験を引き出しながら、そんなに簡単でないことに出会わせたいものである。

四つ目は自分の経験に照らし合わせて読んでいる感想である。「境目があれば『差別』につながり、なければ同調圧力につながる。ですが、同調圧力も一種の境目かもしれない」や、中学校時代トラブルを避け、周囲の人間に合わせていたが楽しくなかった、など思考する様子や、中学時代の経験を語るものがあった。

全体的に、ヒロミの外国での経験がショッキングで、そこに共感できること、最後には「いいものなんだもん」と自分を肯定する態度に安心感を持っていることが読み取れた。そこで感想が宙に浮かないように本文を全体で押さえてから、彼らの初発の問いを取り上げて、さらに考え合える問いに仕立て直して読んでいくことにした。

読解の中で交わされたこと

プリントは本文の筋道を本文のことばで押さえる1と、考え合ったことを問いに答える形で自分のことばで捉え直す2の二枚を作成配布した。問いは先ほどの四種の意見を意識した。ヒロミの西欧での経験に沿って考えていく中で、自分に照らし合わせない読み取りが問われるような、自分なりの読みができている人は自分の経験してきたことを読解の中で交えて発言してもらえるような問いをつくった。読解は自分たちの感じ方や目をつけたところから始まっていくこと、それぞれの発言には示唆が必ずあること、を感じてもらうために、プリントには問いに関連する発言と発言者の名前を入れる。クラスや様子によって読解の方法は変えた。まずは個々に問いへの応答を書いてもらって全体であてて発言してもらうスタイルと、まずは4、5人班で話してもらいA3版のホワイトボードにその中身をまとめ黒板に貼って発表する（もしくは私が読み上げる）スタイルを交えた。活発に意見が交わされたところを、いくつか紹介する。

Q1. 容姿や行動の違いを「ヒロミは」と言わずに「チャイニーズだから」と同級生達が言うのはなぜか。

「髪が黒い」「サンドイッチを耳から食べる」「おしっこをもらす」などの事柄に「チャイニーズだからなのね」と同級生達は言う。その何気なくかけられることばに潜む差別意識（集団意識）に気づいてもらうための問いであったが、「日本人に会ったことがないからじゃない？」とか、「アジア人に会ったことがないからそういうものだと思ったんじゃない？」「子どもの言うことだから、特に意味はないと思う。」と言う人がままいる。私はこういうセリフに待ったをかけたい、と思う。「本当にそう思う？」「自分が言われたらどんな気持ちになる？」「そのときあなたが感じた嫌な感じ、は本当に悪意ではないと思える？」心の中で、そう問いかける。でも言わない。言われた瞬間教師の意図を読み始めると、彼らの思いの先に何があるのかを一緒に考える可能性を潰してしまう。教師も人間なので「こういう生き方は嫌だなぁ」と自分の感じ方を出すことで「そうだよね。私もそう思ってた」と生徒が言いやすくなることもあって心通うとうれしいのだが、特にここ数年の生徒はそれを水面下でやるので感じていることを把握するのが難しい。こちらの思いを出すことよりも、生徒の意図を読み取ることにまず注意を払わないと、本当の意味で会話が成立しない。

班活動を回っていると、女子ばかり5人の班がこの状態で硬直していた。一見仲良さげな雰囲気があるのだが、それは一定のところまでで、違う意見は交わされない。彼女たちが、この人たちと仲良くやっていくグループになるのかならないのか、どこにムッとする人なのか、なんとなく互いを推し量りながら、この程度のやりとりで、と出した答えならば、そこに問いかけるのは難しい。「そっか。でもヒロミはどう感じたんだろうねぇ」とだけ投げかけた。そのままボードは黒板に貼られ、それぞれの班で話した内容を、教室のみんなが目にする。他のグループからはとばが話し合いのボードに書かれてくる。

「自分たち多数派とは違うから」「違う部分が強調されてしまってヒロミを個人として見られないから」ということばが話し合いのボードに書かれてくる。

「チャイニーズだから」と言っている側が「多数派」であるという指摘や「ヒロミを個人として」見ていない、ということばには説得力があったようで、発表の間に表情が動く。そういう視点は、多分、割と多くの人がどこかで触れていることと結びつくのだろう。一見、他意がなさそうな「チャイニーズだから」に多数派の無自覚な暴力性や違うことへの差別的な視点が潜んでいることが見えてくる。読み返すと本文にも「どうやらあんまり『いい』違いではないらしいけど」とあるので、ヒロミ自身もちょっと嫌なものを感じている。「考えすぎ」ではないみたいだ。ここまでは、みんなの書いたものを取り上げながら丁寧に押さえる。ただ、「特に意味はないと思う」のように言っていた人たちは、改めてここで反論したり異議を唱えたりはしないし、反対にみんなが納得を口にするわけでもない。だから読み取りで押さえられるところは押さえるが、いざプリントに戻ると「だからって、私たちの答えは全部間違いなのか」「あれが答えなのか」というところには、うっすらと反発を感じる気配がある。子どもの無自覚さや日本人に慣れていないことの影響だって0ではないはず、のような。だからみんなの意見をまとめて模範解答を黒板に書いたりはせず、踏まえて「改めて自分の考えを書いて」と言う。この班での話し合いとクラスでの発表を踏まえて、その理解をどこまでのことばで表現するか、個人のプリントに改めて文章化するときに選ぶことができるようにするためだ。つまり、なぜ「チャイニーズだから」ということばを用いたのかは、それぞれ自分自身の経験と授業の中で交わされた意見を聞いての理解や推測によって判断し、表現する余地を残すということである。これをプリントにして読み合う。「自分たちと違う部分があると見た目で分かるような大きな違いで判断してくるクラスの人たちはチャイニーズ一人一人の違いとかあまりしないから「ヒロミだから」という考え方はしない。めずらしさ。目玉焼きに何かける派とか人によっての違いと、文化の違いの区別がつかない。（OM）」内進で、よく手を挙げて発言するOMはかなり大胆に、「そういう人たち」と批判している。一方KAのようにヒロミの違うところを受けとめる側の葛藤にも、思いを寄せて表現するものもある。「西欧系の友達だったら○○はと言うけれど、ヒロミは自分達と違うものだと最初から思っていたから。ヒロミが自分と違う事をしていて、それを受け入れようとした時にチャイニーズだから、という理由しか思い浮かばなかったから。（ＫＡ）」またＴＡのように、西欧人の集団にも現実的な人間関係の中での緊張感があることを想像して、慎重にことばを選んで書かれているものもある。「子ども特有の無邪気からくる感想であるなら、子どもだからしかたないと思うが、悪気があって、差別的な意味合いで言ったのなら、皆が一緒であることを望むから、その和から外れないように、自己防衛のためにヒロミを否定したのかもしれない。」ＴＡは中学時代不登校で、鋭く批判することばも持っているが、反対に型破りな感じを出したがる言動もある人だ。ここでは一段クラスの他の声に配慮した断りを入れた上で述べているあたりや一方的に断罪せずにことばを選ぶ姿勢に、彼の人間関係に対する緊張度の高さも窺えるように感じた。

Ｑ２．区別するために引いた線が「差別」や「暴力」を呼び寄せてしまうのはなぜだろうか。

　これを考えるに当たってはまず、区別するために引いた線の例を挙げてもらい、次にどの線引きがどういった暴力や差別を呼びそうか、理由も含めて全体に発言してもらった。いずれのクラスでも多かったのは「男と女」でどちらにも当てはまらない人がいるから、という理由だった。これは経験的にというよりも、昨今のＬＧＢＴＱをめぐる言説から出てきている様子が伺えた。

　先述のクラスでは、「区別をした時点で、多数派の勝ち（ＨＧ）」のように、有利な立場の人、多数派が差別のために線引きをしているということが話の中心になった。印象的だったのは、別のクラスで「自分の国や文化に対して誇りを持っていることが他を認めない姿勢になっている」という発言が出たことで、優越感ではなく、「誇り」ということばにはっとさせられる様子があった。彼女の母親が韓国人であることと関係があるのか実感を持って語られた強さがあった。他の生徒からも相手の文化として尊重するということが大事なのにという同意が出たところから、次の時間に持ち越して、では「文化を尊重する」とはどんなことだろうか、と問いかけた。「犬は日本では家族のように思っている人もいるけど、中国では食べるらしい」「犬を食べるってちょっと引くけど、アメリカ人は日本人の捕鯨を野蛮だと思っているらしい。自分は鯨食べないけど、そう言われるとちょっとむかつく」「スカートを男が穿く国もある」「ファッションでもある。好きで穿いてるんだから、男なのにおかしい、とかやめてほしい」「ヒジャブとかその国の人でも意見が分かれていることもある」「宗教は豚はダメとかわかんないことがたくさんある。でも信じている人にとっては絶対犯しちゃいけないことだから、こっちが知らないといけない」と、自分達にはない習慣でも相手の文化では大事にされていることがあることや一様でないことが交わされた。結果、「相手の誇りを尊重することだ」という発言に頷いていた。

こうして深めていくと「何で境目をつくるのか」「境目なんていらない」「私は境をつくらない」ということばがちらほら出される。

Q3.「内を見て境目をつくるまいとすると、じきにそれは『みんな一緒がいいね。』という方向になってしまう。」とありますが、あなたの経験に照らしてみてどうですか。

「みんな一緒がいいね」という本文のことばは、わかりやすく抵抗感を生んだようで、中学時代の制服はじめ服装頭髪検査から、人間関係のトラブル、人目を気にして目立つことができない様子がたくさん語られた。友達同士の間でも「おそろ」にすることなどは必ずしも欲しくてしているわけではないことや、ホームルームで、いろいろな意見が出ても、あまり話し合われないで一つの意見にまとめられてしまうことなど、なんとなく引っかかっているけど、主張するほどではないとやり過ごしてきたり、反対に違いを隠さず孤立した経験など、自分と重なる部分があったようだ。

しかしここでも、「それぞれの個性があった方がいい」「認め合うことが大事」と実際には苦々しく見ていたり、受け入れがたい個性もあるという自分の経験を振り返ることなく、簡単に回収することばは気になった。

最後に読んだことをもう少し自分の心に照らして発想を広げ、表現する活動を入れたいと考え、「境目」をテーマにエッセイを書いてもらった。のびのび自分の感じていることを表現する機会が必要なように感じたからだ。自分の中にうまく素材を見いだせなかった人もいて、できばえには差があったが、どの人も、他の人の作品を食い入るように読み、耳を澄まして聞いていた。彼らを捉えて授業ができているのか、こちらの不安は尽きないが、安易なことばに留まらず、自分のことばを探し出そうとする想いは、様々な人の違いが表出し合う教室でしか育まれない、と改めて思った。

（はたなか　ゆみこ）

特集1

生徒たちが語りだすとき―ナラティヴアプローチ―

実践分析論文

生徒たちをエンパワーしたものは何か

滋賀高生研　藤本幹人

ケアし、呼びかけに応答すること

田島さんはAを気にかけ（ケアし）、毎日放課後、教室に出かけて返事をしないAに話しかける。最初は何を聞いても返事はなく、うなずくか首を横に振るだけだ。表情も全く変わらず能面をかぶっているようだ。会話が難しいと感じても出向いたのは、生徒と共に過ごす中で徐々に関係性をつくっていくことが大切であると実感していたからだろう。入学時の面談では終始無表情で、個人票には両親の名前があるのに祖母が来たAには何か「事情」があるとも考えていた。田島さんはAに呼びかけられていると感じたのではないか。

5月ごろから会話ができるようになる。印象的なのは田島さんと二人しかいないのに、決まって「私に話しかけている？」と聞いてくることだ。田島さんはそのことにも注意をむけ（ケアし）、Aの名前を呼んでから話しかける。2年も担任することになり、最近では、近づくと、彼女の方から「なに？」と顔を上げてくれるようになる。Aの中に田島さんが存在するようになったのだ。田島さんとの間に信頼関係ができあがる感動的な場面だ。

6月の生徒総会の議案書には生徒会執行部の生徒たちの抱える「困難」が赤裸々に語られる。クラスでその文章を読み合わせる。それは生徒から生徒への語りかけの場と言える。「一人ひとりが抱える苦しさ」を共有し、苦しかったのは自分だけではないことに生徒は気づき、これだけ苦しい人がいるということはその苦しさは個人の責任ではなく何か社会がもたらしている苦しさではないのかと気づく契機となる。こうして、生徒たちの視点は「個人」から「学校」や「社会」へと広がっていく。

議案書を読み合わせた後、自分の経験を文章にしていくように呼びかける。また放課後に自由参加で、自分たちのことを語り合う時間が設けられる。生徒たちは先輩の文章に触発され応答する形で自分たちの思いを語り合い、自分の経験を文章にしていく。

顔を合わせて自らの経験を語り、実名で書くためには、安心できる雰囲気が必要だと田島さんは言う。それはまさに田島さんがAとの間につくり出したものだ。これまでの人生で何度も傷つけられてきた生徒たちにとっては安心できる雰囲気、信頼関係が必要なのだ。

Aは生徒たちの前でそれを読みあげることはできなかった。Aをはじめ生徒が口々に言うのは「私のことに興味がない」「話したって仕方がない」「誰にも言いたくない」ということだ。田島さんはAに了承を得て放課後の議案書討議の場で匿名で代読する。代読を了承したのは田島さんへの信頼関係があったからだろう。そこには書き手の詮索をしない生徒たちの優しい雰囲気があった。そのためもあってかクラス全体での共有も了承する。クラスの生徒は代読された語りに耳を傾け、「共感できる」「この人はこのように感じてきたのかな」などの感想を寄せる。Aにその感想を手渡すと「この人、全然私の気持ちわかってへんわ〜」などと言いながらも笑いながら読んだと言う。「話したって仕方がない」と思っていたAだが、自分の語りに他の人が応答してくれることに驚きとうれしさを感じたのではないか。

1年2学期の文化祭などでクラス活動に参加するように誘うがAは断り続ける。それでも少しは参加するようになり、球技大会ではバレーの練習が楽しかったと語るようになる。彼女の周りに数人の生徒が集まるようになり、3学期には他の生徒と意見を言い合えるようになる。

2年の議案書討議では高校に入ってからの変化が書かれる。本当は誰かと話したい、一緒にいたいという心の底から湧き上がる思いと、他者と関わることのトラウマのあいだでの葛藤が語られる文章だ。(「他の子とかかわろうと思えないのは、みんな何か裏がある気がするから」「でも他人から話しかけられるのは別にいいです」)

文化祭では修学旅行先が沖縄ということもありテーマを「ひめゆり学徒隊」に設定した。それに関する本を読んでの感想交流や沖縄戦についての学習会を開催し、Aも数回参加する。Aはひめゆり学徒隊の生徒や引率教員の思いに感情移入していくようになる。そして人々を戦争に駆り立てていった当時の教育のあり方に疑問を持つ。人々を不幸に陥れた外部の世界に気づいたということだろう。そこでは不幸の原因を外部に求める外在化がおこなわれている。それはAを支配し不幸に陥れたドミナントストーリーを批判することにつながるだろう。

田島さんは「Aが変わりたい、成長したいというメッセージを、不器用ながらも出し続けているように思えてなりません」と書いている。今も、Aに呼びかけられていることを感じ続け、それに応答しようとしているのだ。そのことによってAの物語はたえず語り直されていくだろう。

生徒たちをエンパワーしたものは何か

佐藤さんの実践記録を読むと、生徒たちがエンパワーされながら学びに向かっていることがわかる。生徒たちをエンパワーし、学びに向かわせたものは何だろうか？

佐藤さんは現代社会の憲法の学習の時間に映画『それでもボクはやっていない』を見せる。痴漢の冤罪を受け、一審で実刑判決をうけるという、実話をもとにした物語だ。日本の刑事裁判の有罪率は99・9％である。そのなかで弁護士たちは主人公の冤罪を懸命に晴らそうとする。映画を見せても生徒たちは見ないこともあるが、この映画はなぜかしら反応が良かった。

夏休みのクラス役員学習会では今村核という冤罪事件とたたかう弁護士のドキュメンタリー『えん罪弁護士』を鑑賞する。感想交流では冤罪当事者を全力で弁護する今村弁護士の生き方がかっこいいという意見が出される。

佐藤さんは、裁判所に生徒たちを連れていく。そこで犯罪の容疑をかけられた人が自分たちと変わらない人間であり、その人の物語があっただろうことに気づく。このようなとらえ方ができたのはあらかじめ『それでもボクはやっていない』や『えん罪弁護士』で、犯罪容疑者に自分を重ね合わせる経験をしていたからだと思われる。もしその物語に触れていなければ、目の前の犯罪容疑者に自分を重ね合わせることはなかっただろう。

授業では「なんでなん？」と疑問に思ったことや「おかしいやん」と思ったこと（「自分も調書をとられ、なかったことをあったように書かれた」）など生徒の疑問や怒りを大切にしている。映画を見て疑問に答える形で基本的な法律用語を説明していく。具体的な場面があるのでわかりやすい。生徒は法律用語を使いながら感想を書くようになり映画との対話が深まる。感想を生徒に発表してもらうことで学びが共有される。「ぜんぜん勉強のやる気がなかった」クラス役員のヒビキは「突然変異が起きた」と母親に言わしめるほど学習を進めるようになった。

現代社会の授業ではクラス全体でコンビニ窃盗事件の冤罪当事者を招き話を聞く。また死刑が執行された後も再審請求がおこなわれている飯塚事件、無期懲役となったが容疑者が無実となった足利事件、有罪判決を受け、4人の少年が出所後も無実を訴えている御殿場事件などを学ぶ。冤罪と死刑の問題や、裁判員制度で死刑判決を出すことについての戸惑いの意見が多数出される。

クラス役員のコウセイは、自分を素直に出すことのできない受け身の生徒であった。それまで社会学部を志望していたのだが法学部に進路変更した。現代社会の授業や文化祭の学習で「冤罪」を学ぶうちにもっと司法について学びたいと思うようになったようだ。冤罪救援センターにお願いして講演をしてくれる人を探したいとクラス役員に相談すると、コウセイが自分で連絡を取りたいと言ってきた。自分で電話をかけ、メールのやりとりをしていた。

佐藤さんは生徒たちが「冤罪」的状況に置かれているということである。つまり無実の罪を着せられ、罰せられているということである。あなたは勉強ができない人、社会の役に立たない人、生産性がない人という罪を着せられ、周囲の目によって排除され、傷つけられるという罰を受けている。生徒たちは自身に責任がないことで罪を着せられ、罰を受けていると言える。冤罪事件は、このような生徒たちの生活世界に触れる教材であったのだろう。

映像というわかりやすい物語、裁判傍聴というリアルな学び、冤罪当事者やそれを支援する人々とのリアルな出会いと対話によって、権力を持つ者の都合でいいようにされて、やってもいないのに自白させてしまう、そのような理不尽さが覆っている現実社会のドミナントストーリーが意識されていく。一方で真実を追求し理不尽なものとたたかうオルナタティヴストーリーを生きる人々に出会ってもいる。そのような出会いと対話、意識化を共同で行うことによって（「みんなで学ぶことが楽しい」）、ドミナントストーリーに対抗する自分たちのオルタナティヴストーリーが共有されていったのではないか。それが生徒たちをエンパワーし、学びに向かわせたのではないか。

転機となったこと

毅然と指導することによる生徒からの反発と不信で最後はボロボロになっていた平馬さんは「温かさの中に『ダメなものはダメ』と言い聞かせることができる強い影響力で生徒をコントロールしなければ」と考えて3サイクル目のクラスを担任する。〝毅然と〟指導することは自分には合わない」とうっすらとわかっていたはずなのだが、それができないのはダメ教師だとまだ思い込んでいた。

S男をいじめるY男に対してY男の首根っこをつかんでいるとクラスに思わせて「秩序」を安定させ、S男を安心させようとした。しかし2年でも2度目のY男のS男へのいじめが発覚し、今度こそS男は辞めると言う。「被害者が辞めるなら加害者も辞めなければならない」と平馬さんは考え、結果そうさせた。しかしクラスには応報的に辞めさせたことを言えなかった。担任は批判され、こんな高校を選ぶんではなかったとつらい言葉が投げられる。教師を辞めたくなった。

3年生になって転機が訪れる。春休みの宿題を出さないK男を叱責した。先生は明日出せとは言わなかった。不利益があれば声を挙げなさいと言っているのに挙げると聞いてくれないと言う。知り合いの小学校の先生に相談すると「あやまればいい」と言われる。当時の自分はかなり抵抗があったが1学期の通知表を渡すときにあやまった。初めて彼と人として会話ができた気がした。そこからK男との関係がよくなる。

そんな折、高生研で映画『プリズンサークル』を視聴した。修復的対話という考え方を知る。受刑者が互いの経験に耳を傾け、本音で語り合う手法である。

今年度、授業でこんなことがあった。授業中に居眠りや私語をやめない。これまでの〝毅然とした態度〟はうんざりだった。彼らと関係をつくりたいと思った。そこで思い切って「会議サークル」の提案をした。人間の内面に問題がある(問題の内在化)のではなく、人間の外に問題がある(問題の外在化)と考えて語りあう。内在化すると自分や他者を責めることになる。人は自分の内面を支配するドミナントストーリーに囚われて生きているので、問題を外に求めることでそのドミナントストーリーとは違うオルタナティヴストーリーを立ち上げることができる。

「問いを考える時間が長すぎる」「先生が一人ひとりに考

えを聞き過ぎて、似ている答えが出てくると眠くなる」という生徒の語りは教師自身を責めるものではなく、授業方法という外部にあるものを問うものとなっている。

平馬さん自身もこれまでは「毅然と指導できない自分が悪い」というように問題を内在化していた。しかし、今年度の授業では原因を自分に求めるのではなく生徒との関係という外部に求めようとしている。そのために、自分の思いを生徒に次のように語って対話を始めようとする。「自分がいかに授業を楽しみにしているか」「その分準備も時間をかけている」「だからみんなの行為や態度に悲しい気持ちになってしまった」「毅然としなくてはと頑張っていたら自分の気持ちが暴走して自分のことが大嫌いになったんだ」。平馬さんの思いを聞いた生徒たちは、「前やったような班学習に戻してほしい」「ロイロノートで一人ひとりの意見を全て観るというのを可能にしたい」「（意見を）書き込む作業もしたい」など問題を外（授業方法）に見出して、改善の意見を出し合っている。

教室の扉のエピソードも問題を内在化するのではなく外在化するものとして印象的だ。普通なら、ドアを悪ふざけで外した者の犯人探しが始まりその犯人を責めるだろう。しかし、平馬さんは、「どういう状況だったの？」と問題を状況に外在化する。しかもそれをクラス全体の前でおこなう。平馬さんが最初に疑いをかけたT君にも「君は何をしたの？」と状況を聞く。「何があったか心配で駆け付けた」という。平馬さんが「T君、正義感で駆け付ける」と板書すると教室がどっと沸いた。ドアを外した二人に事情を聞き、「この状況を解決するために何をすればいい？」とクラス全体に聞く。自力で直すという生徒に「自力で直らなかったら？」と訊く、答えに詰まったので委員長に訊くと「担任に相談します」と応答。すべてのやりとりが終わったとき生徒から拍手が上がった。

この場面でなぜ拍手が起きたのだろうか？平馬さんは生徒に問いかけることでクラスで起きた問題についてあたかも生徒同士が対話しているかのような状況を生み出している。そしてその対話によってクラス全体で小さな物語が共有されている。そのような物語の共有がクラスに自分たちで解決する見通しとちからを生み出したのではないか。だからこそ、拍手が起こり、当該の生徒たちはちょっと恥ずかしそうにして、生徒たちはいつも以上に楽しそうに授業に集中したのだろう。

生徒たちの多様な語りを引き出す

畠中さんは「境目」を生徒たちが「疑問に思ったところ」「共感したところ」「授業で考え合いたいところ」から読んでいく、教材と自分の接点を見つけてほしいからだ。生徒の意見をもとに問いを設定する。

活発に意見が交わされたところは次のような問い（Q1）である。「ヒロミはチャイニーズだから髪が真っ黒なのね。チャイニーズだからサンドイッチの耳から食べてしまうのね。チャイニーズだからおしっこもらしちゃうのね」など容姿や行動の違いを「ヒロミは」と言わずに「チャイニーズだから」というのはなぜか？

それに対して「日本人に会ったことがないから」「アジア人に会ったことがないからそういうものだと思ったんじゃない？」「子どもの言うことだから、特に意味はないと思う」という生徒が複数いた。

そんなとき教師は次のように言いがちだ。「本当にそう思う？」「自分が言われたらどんな気持ちになる？」「そのときあなたが感じた嫌な感じ、は本当に悪意ではないと思える？」。ところが畠中さんは言わない。これを言ってしまうと、彼らがこの問いに向き合いたくない理由がある場合に、その理由を考えることに蓋をしてしまうことになる。あるいはこのように言われた瞬間に教師の意図を読み始めるかもしれないからだ。

以前ならば、教師が「こういう生き方は嫌だなぁ」と自分の感じ方を出しても生徒は自分の感じ方を言ってくれたが、ここ数年の生徒は、水面下のやりとりをする、つまり教師の意図を読んで発言するので、こちらの思いよりも、生徒の意図を読み取ることにまず注意を払わないと本当の意味で会話が成立しないと畠中さんは言う。

ある班は、相手がどういう人なのかを推し量る雰囲気の中で、異なる意見が出されなかった。「子どもの言うことだから、特に意味はないと思う」というレベルで硬直していた。畠中さんは「ヒロミはどう感じたんだろうねぇ」と問いかけ、生徒たちをテキストに戻す。たぶんなんとなくすっきりしなかった人が教科書を読み返しはじめる。

班討論が終わり各班のボードが貼られる。「特に意味はない」と書いたボードも貼られる。他にも「自分たち多数派とは違うから」「違う部分が強調されてしまってヒロミが個人として見られないから」と書かれているボードも見られる。「チャイニーズだから」と言っている側が「多数派」であるという指摘や「ヒロミを個人として」見ていないということばには説得力があったようで発表の間に生徒たちの表情が動く。多分、割と多くの人がどこかで触れている経験と結びつくからだろう。「一見、他意がなさそうな『チャイニーズだから』に多数派の無自覚な暴力性や違うことへの差別的な視点が潜んでいることが見えてくる」と畠中さんは言う。「見えてくる」というのが重要で「差別的な視点が潜んでいる」と教師が生徒に言わないということだ、それはパネルに現れる。

生徒たちともう一度本文を読み返し「どうやらあんまり『いい』違いではないらしいけど」とそのときヒロミが思ったとあるので、ヒロミ自身がちょっと嫌なものを感じていること、「考えすぎ」ではないことを、みんながボードに書いたものを取り上げながら丁寧に押さえる。

「特に意味はないと思う」と書いた人たちは改めて反論したり異議を唱えない。「あれが答えなのか」といううすらとした反発を感じるという。みんなの意見をまとめて模範解答を書いたりはせず、改めて自分の考えを書いてという。話し合いや発表を踏まえて、自分自身でことばを選ぶことができるようにするためだ。

「みんな一緒がいいね」という本文のことばについてあなたの経験に照らしてどうかという問い（Ｑ３）についても生徒はたくさんのことを語った。中学時代の制服はじめ服装頭髪検査、人間関係のトラブル、人目を気にして目立つことができない様子がたくさん語られたという。自分と重なる部分があったようだ。自分の経験を振り返ることのない生徒もいたようだが、多くの生徒の経験に触れることのできる問いかけであったと言える。

最後に「境目」をテーマに４００字でエッセイを書いてもらう。「境目」自体がエッセイであるので、このようなまとめはテキストを自分の文脈で書き換えるという意味を持つだろう。授業者の意図を読み取るのではなく、のびのびと自分の感じていることを表現してほしかったという。食い入るように次々と自分たちの書いたエッセイを回して読み合い、投票した作品が読み上げられるのを、耳を澄まして聞く姿や感嘆する声があったという。

生徒が、はざまをもがき、自分のことばを探し出すためには、自分たちの経験に照らして教材を丁寧に読み取り、それを可視化し、共有し、読み合うことで、（教師の意図を読むのではなく）他の生徒たちの読みに出会わせることが必要なのだろう。

（ふじもと　みきと）

特集1

生徒たちが語りだすとき―ナラティヴアプローチ―

研究論文

新しい物語はいかにして生まれるのか

東京学芸大学名誉教授　野口裕二

1　はじめに

われわれの生きる現実を「ナラティヴ」の視点からとらえて新たな世界を生み出そうとする実践がナラティヴアプローチである。ナラティヴは「物語」および「語り」を意味する言葉で、現実が何らかの「物語」によって影響され支配される点に着目し、そうした「物語」からの解放の方法を探り実践する。「物語による支配」というとカルト宗教によるマインドコントロールのような状況を思い浮かべるかもしれない。しかし、それはそうした特殊な状況だけに限られるわけではない。たとえば、ほんの少し前まで、性的マイノリティに対して否定的なまなざしが向けられることは決して珍しいことではなかった。性的マジョリティを「正常」とみなし、性的マイノリティを「異常」とみなす物語にわれわれは長い間支配されてきた。しかしいま、われわれはそうした物語から解放されて性の多様性を尊重する新しい物語を生き始めている。では、このような新しい物語はいかにして生まれるのか。この問題について大きな成果をあげてきたナラティヴアプローチをはじめとして、これと関係する当事者研究、オープンダイアローグなどの実践にもふれながら検討しよう。

2　ナラティヴアプローチ

ナラティヴアプローチは1990年代に家族療法の領

域で生まれたいくつかのユニークな実践の総称である。それらは、われわれの生きる現実が言葉と物語によって構成されていると考え、日常を支配している言葉や物語のあり方を変化させることによって困難な現実を変えていく点に共通点をもつ。その代表的な方法として、「問題の外在化」、「無知の姿勢」、「リフレクティングチーム」の3つの方法がある。[(1)]

⑴ 問題の外在化

ナラティヴセラピーの創始者として知られるホワイトとエプストンは「問題の外在化」というユニークな方法を考案した。[(2)] 通常、「問題」はひとびとの内部にあるものとして内在化される。その人の中に問題がある、欠陥がある、病理があるといった具合である。また、個人の内部ではなくとも、家族の内部、職場の内部といった形で、なんらかの集団の内部に問題があるという見方もよくされる。これらはどちらも「問題の内在化」であり、問題の所在を正確に見極めて対処することが当然の手順となる。

これに対して、ホワイトらが行ったのは、問題を個人や集団の内部に探るのではなく、問題が個人や集団の外部からどのような影響を与えてきたかを探ることだった。これは問題の「原因」を探るのではなく、問題がもたらす「結果」に着目するという大きな発想の転換を意味する。問題がどのようにして生まれたかではなく、問題にいままでどのように振り回されてきたのかに焦点を当てていく。こうして、クライエントと臨床家は、問題の原因ではなく結果に着目してどうしたらそれに対抗できるかという課題に挑戦することになる。われわれが無意識のうちに従っている「問題の内在化→原因の究明→原因への対処」という物語から脱して、「問題の外在化→結果の把握→問題への対抗」という新しい物語が生まれている。

⑵ 無知の姿勢

家族療法家のアンダーソンとグーリシャンは面接における専門家のとるべき姿勢として「無知の姿勢」を提唱した。[(3)] これは、専門家といえどもクライエントの生きる世界については「無知」であり、それをクライエントに教えてもらうほかないという当然のことを意味している。しかし、この当然のことが実際の臨床場面ではなかなか実現しない。専門家は最初のうちはそのような姿勢で面接を始めても、ある程度情報を集めた時点で「わかった気」になってくる。そして、自らの専門知識に基づいて診断をして治療や援助を始めようとする。そうした段階に素早く移行できることが専門家の能力の高さを示すとも思われている。こうして、面接においては必要な情報をいかに早く集められるかが重視されることになる。

しかし、このような面接の仕方は、専門家のもつ専門知識と理論の枠組みに合わせてクライエントの生きる世界を切り取っているだけともいえる。クライエントからすれば自分にとって重要なことが理解してもらえないと感じて、それ以上話をする気持ちをなくし、相談をやめてしまうこともある。このような事態を避けるには、専門家が自らの専門知識と理論の枠組みに頼ることをやめて「無知の姿勢」に徹することが重要である。患者の生きる世界について「無知」であることを認め、どれだけ話を聞いても決して「わかった気」にならず、「つねに理解の途上にとどまり続けること」が重要となる。このような状況においてはじめてクライエントは安心して自らの生きる世界を語れるようになる。「いまだ語られなかった物語」が語られて、それが新たな物語の展開へとつながっていく。

(3) リフレクティングチーム

家族療法家のアンデルセンは、「リフレクティングチーム」というユニークな家族面接の方法を考案した[4]。かつて、家族療法の領域では、マジックミラー越しに家族のコミュニケーションや家族関係を観察してそれに基づいて介入していくというやり方が一般的だった。面接室に家族全員に集まってもらい一人のセラピストが同席して質問をしたり課題を与えたりする。それをマジックミラー越しの観察室から複数のセラピストが観察しその家族が抱える問題や病理を発見してそこに介入していくのである。アンデルセンらもこのやり方によってそれなりの成果をあげていたが、同時にどこか居心地の悪さも感じていた。マジックミラーの陰でセラピストたちが家族の悪口を言ったり、また、セラピストたちが互いに自説の正しさを競い合ったりしていたからである。

そこで、アンデルセンらは思い切った手立てを考案した。面接室での家族の様子をセラピストたちが観察した後に、今度は逆にセラピスト同士の話し合いを家族に観察してもらうことにしたのである。そして、家族にその話し合いを見た感想を話し合ってもらう。さらに、その話し合いの様子をセラピストたちが観察してその感想を話し合う。こうして、家族の話し合いとセラピストたちの話し合いを交互に行って感想を述べ合うやり方、すなわち、リフレクティングチームが生まれた。その結果、さまざまな変化が現れた。当然のことながら、セラピストたちは家族の悪口を言わなくなった。また、専門用語を使って自説の正しさを競い合うこともやめ、家族にもわかる言葉で自分の意見を控えめに語るようになった。そして、家族も専門家によって一方的に診断され介入される存在ではなくなった。専門家の意見を参考にしながら自分たちの問題を自分たちで考えていく存在へと変化していったのである。

以上の3つの方法はいずれもいままでになかった「問題の語り方」を生み出す点で共通している。「問題の外在化」はわれわれが問題を抱えたときに当然のごとく依拠してしまう「問題の内在化」の物語がいかに強固でありかつ新しい物語の生成を阻んでいるかを教えてくれる。また、「無知の姿勢」は専門家による正確な診断を重視する姿勢が結果的に新しい物語の展開を封じていることを教えている。そして、「リフレクティングチーム」もまた、専門家と家族が指導する側とされる側に分かれるという当然の役割関係それ自体が新しい物語の生成を阻んでいることを教えている。われわれが当然のこととして疑うことなく従ってきたやり方こそが「支配的な物語」となって「新しい物語」の生成を阻んできたことがわかる。

3　当事者研究とオープンダイアローグ

ナラティヴアプローチと共通点をもちながらも独自の世界を切り開いて注目されているのが当事者研究とオープンダイアローグである。これらの特徴を確認しておこう。

(1)　当事者研究

「当事者研究」は、北海道にある精神障害者のコミュニティ「浦河べてるの家」で生まれた当事者たちによるユニークな実践である。(5) 通常、精神障害者は医師やソーシャルワーカーなどの専門家の指導や助言のもとで、自分の抱える問題に向き合い対処する。このとき、病理や対応策について研究するのは専門家の役割であり、当事者は研究の対象として位置づけられてきた。しかし、考えてみれば、当事者が研究をしてはいけない理由はないし、当事者も当事者なりに自分たちの問題を研究することができる。こうして、当事者たちが集まって共同で研究する方法が生まれ、それが当事者たちを大いに助けるものであることが明らかとなっていった。

当事者研究は、当事者たちが数人から十数人程度で集まってミーティング形式で行われる。ソーシャルワーカーなどが司会役となり、一人の当事者が自分の抱えている問題を参加者の前で発表し、それに対して参加者が自由に疑問や意見を出し合いながら、以下のような順序で進行する。①〈問題〉と人との切り離し作業、②自己病名をつける、③苦労のパターン・プロセス・構造の解明、④自分の助け方や守り方の具体的な方法を考え場面をつくって練習する、⑤結果の検証、である[6]。このうち、①の「〈問題〉と人との切り離し作業」は、〈問題〉をその人の内部にあるものではなく、外部にあってその人を苦しめているものとしてとらえるもので、前節で紹介した「問題の外在化」とまったく同じ発想である。また、③の「苦労のパターン・プロセス・構造の解明」で、「苦労」という言葉が使われている点も重要である。「苦労」は「問題」がもたらしたものであり、問題の「原因」ではなく「結果」を意味するからである。この点でも「問題の外在化」と同様の考え方が実践されている。

以上のような当事者研究の実践に触発されて、発達障害当事者の綾屋と脳性まひ当事者である熊谷らはこの方法をさらに理論的に発展させた[7,8]。綾屋らは次のように述べる。「当事者研究では、多数派の世界ではないことになっている現象に対して、新しい言葉や概念を作ることをとおして、仲間と世界を共有する。そして、そういった世界の共有だけで解決することは多いのだということに気づかされていく」[9]。当事者は既存の専門用語や理論だけでは語り尽くせないさまざまな経験や思いを抱えている。そして、その語り尽くせなさがその人を苦しめている。だとすれば、その語り尽くせなさに言葉を与えていくこと、自らの経験を表す言葉を見つけていくことが重要となる。そして、そのような言葉が探り当てられ他者と共有されたとき、それが大きな助けとなるという重要な事実が発見されたのである。

(2) オープンダイアローグ

「オープンダイアローグ」はフィンランドの西ラップランド地方でセイックラらを中心に行われてきた精神医療の新しい実践システムである[10]。精神病薬を最小限しか使わずに良好な治療成績をあげている点で注目されたが、そこにはいくつかの革新的な考え方と方法がある。そのひとつは、クライエントから最初の連絡があってから24時間以内に精神科のスタッフチームがクライエントの自宅を訪問し最初のミーティングを行うという「即時性」と「機動性」である。そして、もうひとつ重要なのが独特のミーティングのやり方で、「ネットワークミーティング」と呼ばれ、以下のような特徴をもっている。

①ミーティングの参加者：本人、家族、精神科チーム(医師、心理士、看護師等）のほか、親戚、友人、その他の専門家等、本人にとって重要な関係者(ソーシャル・ネットワーク）全体が招かれる。

②ミーティングにおける決定：本人や家族のいないところでいかなる決定もしない。したがって、本人抜きのスタッフミーティングは行わない。結論を急がず、何も決まらなくてもかまわない。

③ミーティングの開催：必要な限り何度でも開く。最初に連絡を受けたスタッフが責任をもって招集し、同じチームが引き続き関わり続ける。

④ミーティングの進め方：参加者それぞれの思いが語られ、聞き取られ、応答されること、すなわち、「多声性」と「対話」、そして、「不確実性に耐えること」が大切にされる。

以上の特徴はそれぞれ従来の通常のやり方と大きく異なっていて驚かされる。なかでも、②の「本人や家族のいないところでいかなる決定もしない」という原則は想像を超えるかもしれない。通常、医療や福祉の現場では関係するスタッフが集まって処遇の方針を決め、それを本人や家族に伝えるというのが一般的だからである。学校現場においても関係する職員の会議で何かを決めることが一般的ではないだろうか。しかし、オープンダイアローグはその方式をやめた。本人のいないところでは何も決めず、本人をはじめとするすべての参加者の声に平等に耳を傾けて、何かを決めることではなく、参加者それぞれの思いをお互いに理解しあうことにミーティングの目標を変えたのである。そして、そのようなミーティングを重ねた結果、本人や家族のかかえる困難は小さくなっていった。

4 「解放の物語」と「共同の物語」

以上、新しい物語がいかにして生まれるのかについて、「問題の外在化」、「無知の姿勢」、「リフレクティングチーム」、「当事者研究」、「オープンダイアローグ」の五つの実践をみてきた。これらの実践から教育現場は何を学ぶことができるのか、この点を最後に検討しよう。

「問題の外在化」から学べるのは、問題を内在化して本人の中に原因を探り本人に変化を求める物語の根強さであり、それこそが問題を膠着させている可能性である。「問題の内在化」というドミナントストーリーを相対化する方法をここから学ぶことができる。

「無知の姿勢」からは、面接の際に専門的な知識や理論によって分析し診断しようとする姿勢が新しい物語の生成を阻んでしまうこと、相手の生きる世界について教えてもらう姿勢をとり続けることが新しい物語の生成につながることを学ぶことができる。

「リフレクティングチーム」からは、「指導する側」と「指導される側」という役割関係自体が新しい物語の生成を阻んでいること、それをお互いに感想を述べ合えるような対等な関係に変えることによって新しい物語が生まれることを学ぶことができる。

「当事者研究」からは、当事者が「研究される側」ではなく「研究する側」になりうること、また、既存の専門用語や理論では語り尽くせないさまざまな経験や思いを表現する言葉を当事者自ら探究し共有することが大きな力になることを学ぶことができる。

「オープンダイアローグ」からは、関係するひとびとが一堂に会して、本人のいないところでは何も決めず、すべての参加者の声に平等に耳を傾けて、何かを決めることではなく、参加者それぞれの思いや物語をお互いに理解しあうことの大切さを学ぶことができる。

以上の五つの実践のうち、ナラティヴアプローチに含まれる最初の三つの実践は、本人を支配してきた物語を新しい物語へと変化させるためのユニークな工夫としてとらえることができる。一方、後の二つの実践は、物語の変化ではなく、参加者それぞれの思いや物語がお互いに理解され共有される関係を生み出すためのユニークな方法としてとらえることができる。われわれは物語の変化によって救われるだけでなく、お互いの物語を理解しあう関係によっても救われる。そして、これらの実践の結果、二つの新しい物語が生まれる。前者の実践からは、個人を呪縛していた物語からの「解放の物語」、後者の実践からは、ひとびとが力を合わせて問題を乗り越えていく「共同の物語」である[11]。「解放の物語」と「共同の物語」、われわれはいま、この二つの物語を思い浮かべながら問題に向き合っていくことができる。

（のぐち　ゆうじ）

注

(1) 野口裕二『物語としてのケア　ナラティヴ・アプローチの世界へ』、医学書院、２００２年。

(2) M. White & D. Epston, Narrative Means to Therapeutic Ends. New York, W.W. Norton. 1990. 小森康永訳『物語としての家族』、金剛出版、１９９２年。

(3) H. Anderson, & H.A. Goolishian, The Client is the Expert. in S. McNamee & K.J. Gergen eds. Therapy as Social Construction. London, Sage. 1992, 野口裕二・野村直樹訳『ナラティヴ・セラピー　社会構成主義の実践』、金剛出版、１９９７年、（再版、遠見書房、２０１４年）

(4) T. Andersen, The Reflecting Team：Dialogues and Dialogues about the Dialogues. New York, W.W. Norton. 1991, 鈴木浩二監訳『リフレクティング・プロセス』、金剛出版、２００１年

(5) 浦河べてるの家『べてるの家の「当事者研究」』、医学書院、２００５年。

(6) 同前、４-５頁。

(7) 綾屋紗月・熊谷晋一郎『発達障害当事者研究』、医学書院、２００８年。

(8) 綾屋紗月・熊谷晋一郎『つながりの作法　同じでもなく違うでもなく』、ＮＨＫ出版、２０１０年

(9) 同前、１５６頁。

(10) J. Seikkula & M.E. Olson, "The Open Dialogue Approach to Acute Psychosis: Its Poetics and Micropolitics". Family Process, 42(3), 2003, pp.403-418. 斎藤環著・訳『オープンダイアローグとは何か』、医学書院、２０１５年。

(11) 野口裕二『ナラティヴと共同性　自助グループ・当事者研究・オープンダイアローグ』、青土社、２０１８年。

どうやっているの？
HRづくり
―生徒が当事者になるとき―

「ケア」し「ケアされる」関係を目指して

公立高校　老田　望

高校生は「受験」という競争によって傷ついている。高校教員になってすぐにこのことを実感した。最初の勤務校ではどの場面においても生徒から「この学校や先生や生徒はクソ」「校名のわかるシールを自転車に貼りたくない」など自虐的で自己肯定感が低く、学校への嫌悪感であふれた発言を多く聞いた。私は担任として何ができるのだろうか。模索する日々がはじまった。

竹内常一著の『新・生活指導の理論　ケアと自治／学びと参加』（高文研、2016年）の中で「『ケア』することは『気にかけ』『気遣い』『身をよせ』『その思いを受け容れ、分かち合う』こと」と述べられている。私にできることは「ケア」の行為ではないか。そう直観し、実践に取り組んだ。ここでは「ケア」を意識した実践を述べていく。

1対1の面談

勤務校では面談期間が学期ごとに設けられていた。面談は生徒に身をよせ「ケア」するうえで大切な生徒の事情や背景を知ることができる絶好の機会だと考えた。時間をしっかり確保し、周りに誰も来ない集中して話せる状況を整えた。趣味やアルバイトのことなど日常的なことや、友達関係や家族関係など周囲の人間関係に関することを必ず全員に聴きメモをとった。面談は1日に2名程度しか実施できないため学校が設定した面談期間では終わらせることはできなかった。クラス全員を一巡するのに1か月はかかった。

面談期間以外にも普段指導されることが多い生徒ほど、指導とは無関係な時に話をする時間を確保した。説教される場でもない、先生の話を一方的に聞かされる場でもない。生徒が自分の話をきちんと聴いてもらえたと実感できる場を大切にした。

「聴き合う」レクリエーション

生徒同士がケアする時間に繋がればという思いからレクリエーションを実施した。高校生にもなるとレクリエーションの時間は喜ばないのではという不安はあったが、心配無用であった。「すごろくトーク」と「一分間スピーチ」は特に盛り上がった。生徒同士が互いの共通点や意外な一面を知り、話を聴きあいながら共感し、驚く。レクリエーションを通じて「ケア」しあう関係づくりに欠かせない時間を生み出すことができたと感じた。

「ケア」を可視化する学級通信

行事や学期の終わりごとの振り返りの時間で「素敵だなと思った場面」をアンケートに回答してもらった。回答では「友達が自分の知らないところで並外れた努力をしていた」「テスト勉強の仕方が分からなかった時に力を貸してくれた」「誰にでも元気に愛想よく話しかけられる人が多い」といった生徒同士の「ケア」を感じるコメントがあった。この生徒同士の「ケア」を学級通信に載せ生徒に返すことで、目に見えない「ケア」を可視化することにつながった。学級通信をクラスで読んだ後は何とも言えない心地の良いものが流れていくのを感じた。

生徒から「ケア」を受け取る

教師として生徒から「ケア」を受け取ることもあった。教員をしていると生徒に何か一方的に与え続けなければならないと思ってしまう。実はそうではなく、教師と生徒が互いに「ケア」を与え、受け取る関係性が自然と生まれていた。このことに気がついたのは東畑開人著の『居るのはつらいよ』(医学書院、2019年)を読んだ時だった。「先生今日ちょっと元気ないね。疲れてる?」「先生髪の毛切ったでしょ?気づいたよ!」何気ない会話であるがこれらは生徒から受け取る「ケア」である。今まで意識せずとりこぼしていた生徒からの言葉を反芻しじっくり味わう。「ケア」を受け取り「ケア」されていることを実感する。「ケア」を実感することで、また明日から自分が生徒を「ケア」する原動力につながった。

「ケア」と指導の間にある違和感

「この校則は正しいのか?」「このように指導することはよいのか?」と日々違和感と疑問を抱きつつ、組織のルールに従って指導せざるを得ないこともある。スカートの長さ、染髪、化粧指導。学校に来るだけでも精一杯の生徒に対して厳しい指導を求められ、傷つけてしまうこともある。「ケア」の基本は傷つけないことであるにもかかわらずだ。どんなに「ケア」の関係を築く実践をしても、意味があると思えない指導で傷つけてしまう。この違和感や葛藤を自分の中でどう昇華するのか。これが私自身のこれからの課題だ。

どうやっているの？
HRづくり
—生徒が当事者になるとき—

相互応答からつくられる関係

正則高校　小林孝臣

教師は教えることだけでなく、「ケアする」姿が求められる。だが常に「ケアする側」だけに身を置く辛さに耐えるしか術はないのだろうか？老田さんからは「教員をしていると生徒に何か一方的に与え続けなければならないと思ってしまう」とある。そういう悩みや苦しさを感じている教員は年齢、学校を問わず少なくないはずだ。ここに今回の老田報告から、いかに教師が多忙な日々を乗り越えていくか、生徒に対する眼差しの向け方、ヒントが含まれているように読んだ。実は教員だって「ケアされる側」でもあるのである。

老田さんは純粋な人間同士の関係の構築を目指し、生徒との関係を築き上げようとしている。そういう中で、老田さんの「『ケア』を受け取る」感覚がHR運営に大いに発揮され、レクリエーションや学級通信を利用し「ケアしあう」きっかけづくりの工夫が随所にちりばめられている。そして、そのきっかけが活かされ、クラスの中にリアルな生徒同士の「ケアしケアされる関係」が生み出されている。

老田報告は「高校生は『受験』という競争によって傷ついている」という文から始まっている。きっと老田さんの学校の生徒達は「選別された」気持ちで入学してくるのだろう。そんな状況に置かれた生徒達へ、もう一度学校に来る意味や学ぶことの素晴らしさを教えていくことは容易ではないはずだ。また、「学校に来るだけでも精一杯の生徒に対して厳しい指導を求められ、傷つけてしまうこともある」と老田さんは記している。なぜルールを守るのかといった規範意識の醸成だけでなく、傷ついた心で学校に来る生徒にとって必要な救済を得られる機会があるかというところこそ大事に考えたい。

老田さんからは最後に「この違和感や葛藤を自分の中でどう昇華するのか」とある。まずは職場の同僚とその違和感や葛藤を共有してみると、それは老田さんだけの感覚とは言い切れないものがきっとあるのではないだろうか。「私自身の課題」でもあるかもしれない。同時に「社会や学校が抱える課題」でもあるはずだ。分断され、傷つけられた生徒達と「ケアしケアされる関係」「相互応答の関係」をつくる大切さはますます高まっている。

特集2

「不登校」から生きづらい社会を問い直す

本特集の当事者、教員、支援団体の記録を重層的に捉えると、高校生にとって学校はほぼ全ての生活世界であるように思える。ゆえに、当事者の学校に通えないことへの苦しみと自責の深さが突き刺さる。生きることに真摯であるからこそ、学校への不信感やそこから生じる生きづらさを引き受けざるを得なかった。

何が彼らの居場所を奪ったのか。逆に何が彼らへのエンパワーとなるのか。呑み込まれてきた声から、誰もが生きやすい社会や学校・教師のあり方を問い返していきたい。

特集2　「不登校」から生きづらい社会を問い直す

実践記録①

「不登校」生徒の声に耳を傾けて

公立高校　真平あゆみ

はじめに

私が勤める学校は、進路指導が最も重視されている。しかし、教育相談体制は十分機能しているとは言えない。現任校に赴任して驚いたことは、教育相談＝進級に関わる特別措置をお願いする立場、という教員の認識だ。そのため、生徒の日常的な相談の受け皿が養護教諭に集中している。不登校傾向の生徒について担任が養護教諭へ相談すると、ケースによるが、養護教諭がスクールカウンセラー（以下ＳＣ）へと繋げてくれる。赴任最初の年に副担任をしていた学年で不登校の生徒がいたが、最終的にＳＣの勧めで転学になったと聞き、寂しい気持ちになった。外部の機関と繋がることは大事であるし、ＳＣに至るまでに担任からの働きかけがあったことも知っているが、まるで学校の責任外のところでその生徒を突き放したように私は感じた。不登校や不登校傾向の生徒であっても、自分の望む生き方を見出して自己実現できるように、責任を持って教師としての働きかけをしていきたい。翌年から担任となった私の思いであった。

Tについて（入学後、転学に至るまで）

女子生徒Tは、1年生の秋頃から欠席が多くなった。心療内科を受診し、適応障害と睡眠相後退症候群(睡眠時間帯が一定の時間だけ後方にずれて戻れなくなり、睡眠リズムに障害を起こしている状態)と診断された。1年次12月の職員会議では、当時の担任A教諭より、本人の状況や医者からの診断について説明があり、併せて今後欠課時数が超過する科目が発生した場合には、年度末の成績会議にて配慮措置をお願いする旨が伝えられた。結果的に、欠席が続いたものの微熱が理由のため出席停止扱いとなり、学年末考査を受験する(Tは学力的に問題ない生徒である)ことができたため、進級となった。そして、2年次では私が担任をすることになった。

4月8日、始業式にTは登校していた。HRの時間に、書類関係でTと少し話をしたが、落ち着いた雰囲気と言葉遣いの丁寧さが印象的で、特に何か変わった様子は感じなかった。無事初日に登校できたことに私は安堵し、体調のことなどをTに聞くことはなかった。

しかし、翌4月9日から6月21日までTは連続で欠席した。この間に部活（運動部）や面談のために放課後登校している日もある。6月22日に2年生になって初めて1時間だけ授業に出席できた。再び欠席が続くものの、7月の期末考査を全て受験し、その後欠席状況が大きく改善されることとなった。夏休み明けの文化祭には準備期間を含めて全て出席し、文化祭当日はクラスメイトと一緒に過ごしていた。修学旅行が中止となり代替の遠足が11月上旬に予定されていたため、Tと一緒に遠足まで行ければと思っていたが、10月末付でTは転学することになった。私の思いとTへの働きかけを辿りたい。

Tの心の扉をたたく

4月9日朝、T母より電話。

(T母）朝腹痛で学校に行けない。昨年の話は聞いていると思うが、昨日は頑張っていた。遅刻でいいから学校に行ったらと声をかけたが難しそうだ。（真平、以下真）遅刻でもいいので良くなったら学校に来てください。様子を見ましょう。

同日夜、T宅へ電話しTと話をした。

(真）その後体調はどう？（T）だいぶ良くなった。（真）

それは良かった。1年生の時のことも聞いている。2年生になって心配なことや不安なことはある?(T)ないです。

4月16日朝、T母より電話。

(T母)娘が「午後行こうかな」と初めて言った。少し期待している。

しかし、Tは1日欠席だった。同日夜T宅へ電話をし、Tと話をした。

(真)調子はどう?(T)今は大丈夫。お腹が痛くて頭も痛かった。(真)何か診断は受けているの?(T)昨年、適応障害と診断されて、睡眠相後退症候群とも診断された。昼夜逆転してしまう。(真)何時頃寝られるの?(T)早くて1時。遅いと明け方になってしまう。(真)それだと、午前は体調がしんどいね。(T)学校に行っても授業をちゃんと受けられない。あと、最初の授業に行けなかったので授業についていけるか心配。(真)そうだね。私から各担当の先生にTさんのことを話しておくね。(T)ありがとうございます。

4月19日朝、母より電話があり、今日は欠席だけど、春休み課題を提出するために学校に行くと娘が言っているとのことだった。しかし、Tは来ず、夕方T母より電話があった。T母と話をしてみると、娘への対応や今後のことで悩んでいる様子が伺えた。

(T母)今日行けなかったですよね。学校の話になると不機嫌になる。だから、自分から学校行くと言ったのは驚いた。昨年は学校に行くように娘に強く言っていた。今は強く言わない方がいいのかと悩んでいる。これは出席停止ではなく欠席だということを昨日娘に話した。このまま欠席が続くと単位が危ないですよね。本人はここで卒業できるように頑張りたいと考えている。(真)今すぐに単位や進級が危ないというわけはないが、今後も欠席が続くようだと気にしなければならない。思春期後半の難しい時期、本人の苦しさや親のやきもき…。長い目で見ればTにとって今は必要な時期なのかもしれない。

この電話の後、学年主任に状況を説明し、今後のことを相談した。中間考査があるのでGW前に本人と面談をすることを目標にした。

Tと相談し面談日を決めるものの、その日の午後になってTから腹痛や微熱のため面談に行けませんという連絡をもらう日が続いた。ある日の夕方、T母から電話をもらった。

(T母)今日の面談行けませんでしたか?(真)本人から電話があり、行けないとのことでした。(T母)昨日の夜、ご飯を食べるまでは大丈夫だったが、その後トイレに籠っていたから心配していた。娘は学校や教室に行くのが嫌なのかもしれない。すでに人間関係が出来ているから自分から入れないと思っているのかもしれない。（真）この前の日曜に部活に行けたのはどうしてですか？（T母）同じ部活の子たちからグループトークで部活の連絡があったらしい。他にも、自分の知り合いの後輩が入部したので自分が行かなきゃと思ったようだ。朝から部活に行くために夜寝なかった。でも、このまま欠席が続いていてはだめですよね？（真）今すぐどうこうではありませんが…。今後も欠席が続くかはわからないですし、部活や何かがきっかけになるかもしれません。様子を見ていきましょう。

転機は急に訪れた。4月30日の夕方、T母から「あと30分ぐらいしたら娘が学校に行く」という電話があり、その通り、本人が職員室前に現れた。

（T）今30分ずつ早く起きられるようにしている。今日は午後から行こうと思ったが、放課後になってしまった。GW明けから登校して、中間考査は全部受けようと思っている。でも、勉強についていけるか不安。あと、クラスに馴染めるかも不安。（真）今日来てくれてありがとう。顔を見ながら話ができてよかった。勉強の不安があると思うが、授業担当の先生たちも事情をわかって接してくれるから大丈夫。クラスは、男子は幼い感じだが、女子はみんな大人で落ち着いている雰囲気だよ。（T）それなら良かった。昨年Yさんと仲良くしていた。Oさんと部活が同じだから話ができる。

その後一緒に教室へ行き、テスト関係の掲示物を確認したり、年度初めのアンケート入力を一緒に済ませたりした。Tは比較的明るい表情だった。

5月6日朝、母より遅刻連絡をもらったが、結局欠席であった。夕方T母と電話で話をした。

（T母）今日行けなかった。本人は学校に行かなきゃという気持ちでいるが、いざ行くとなると行けなくなってしまう。（真）お医者さんは何て言っていますか？（T母）学校に行かなくてもいいから、外に出るようにと言っている。欠席日数や単位のことが気になる。この状況が続くようであれば、娘を連れて面談をしに行きたい。

この電話を受け、学年主任とTについて今後の相談をし、各科目の欠課時数調査をし、それを中間考査前に本人に提示してみることに決めた。

しかし、前回と同様に面談日を決めるもののTが学校に来られない日が続いた。あきらめずTやT母と連絡を取り続けた。

5月14日の放課後、Tが学校にやって来た。各科目の欠課時数のカウント表を渡し、来週の中間考査についてやり取りをした後、話題を変えてみることにした。

(真) 家では何をしているの？ (T) 本を読んでいる。(真) 勉強はしていないの？ (T) あんまり。(真) 家にいる時も勉強をするようにね。本を読むことももちろん勉強。家の手伝いをして体を動かすことも勉強。家にいても学校にいても、何か知識を増やしたり周りに関心を向けたりすることは大事な勉強だよ。

一通り話を終えると、Tが教室に行くと言ったので、一人で大丈夫かと聞いてみると、同じ部活の子たちが教室に残っていたら会いに行きたいので大丈夫、と答えた。翌日クラスメイトで同じ部活のOに、Tに会えたか聞いてみると、下校時間まで一緒にいたことを教えてくれた。

翌週の中間考査は全て欠席であった。

5月27日夜、T宅へ電話しT母とTから近況を聞いた。(T) 早くは起きられないけど、昨日は散歩をした。(T母) 自分から動き出す様子が見られるようになったが学校に行くのは怖いみたい。(真) 明日3人で面談はどうか？溜まっているプリントを渡したい。前に話した通り、このままいくと6月に保健が切れてしまうので、5月中にもう一度お話をしておきたい。

翌日の面談に、T本人は現れなかった。T母に対して保健は欠席が続くと6月の最終週に残ゼロとなり、7月期末考査後の授業で切れてしまうことを伝えた。(T母) 切れた後も在籍できるのか。(真) 在籍できるが進級はできないため、留年して来年度からやり直すことになる。他にも選択肢はあるが…。(T母) 定時制や通信制に変えることも考えている。(真) みんなと同じタイミングで卒業を目指すとなると転学が必要となる。(T母) 主人とは学校を辞めることも考えている。もう一度リセットが必要だと思う。(真) 辞めてしまうよりつながりが残っていた方が良いと思う。つながっていれば引き続きTさんの相談に乗ることができる。(T母) 本人が何を考えているのかわからない。あまのじゃくなところがある。中学は休んだことはなかった。人づきあいが苦手。誘ってもらえれば動けるけど自分から誘えない。学校が怖いと言っている。昨年休み始めた時は寝ているのを無理やり引きずり出して根性論で行かせていたが、逆効果だった。今はそうしないようにしている。今日は面談なのでずっと連絡を入れていたが本人から返信はなく、仕事が終わり連絡を再度入れると、お腹が痛くていけない、ごめんなさいと連絡が来た。本人は学校を続けると言っていて辞めたいは言っていない。（真）本人が学校を続けると言っている以上は尊重しましょう。

Tが少しずつ動き始める

6月4日朝、T母より電話があり、今日は行けるかもしれないとのことだった。昼頃に再びT母から電話があった。

（T母）昨日と今日外に出ていて、本人が「学校にプリントを取りに行かなきゃ」と言っている。教室に入るのは怖いらしい。友だちから今日部活があると連絡をもらい「大会前だから顔を出さなきゃ」とも言っていた。

17時ごろTが職員室前に現れた。既に教室（数学の補習中だったが）に入ってプリントを取りに行ったようだ。欠課時数のプリントを渡し、授業のことで心配なことはあるか聞くと「家庭科のこと」と答えたので、家庭科の担当教員のところに一緒に行くと、授業のことについて自分から質問をしていた。この後はどうするのか聞くと「部活に行く」と答えた。

6月16日の午後、Tが5限から行けるかもしれないという連絡をもらった。結局Tは来なかったので夜にT宅へ電話すると、Tが「行こうと思ったが体調が悪くなって…」と言ったので、「明日以降またチャレンジしてみよう」と伝えた。

6月22日、3限にTが職員室前に突然現れた。ちょうど3限は保健の時間であった。保健の授業を受けに来たと言うTに対して「よく来たね」と伝え、一緒に教室まで行くことにした。教室前でTが入りにくそうな様子を見せたので、どうしようか悩んでいると、教室の外での私とTのやり取りに授業担当のS先生が気づいてくれたので、「S先生もTのことに気づいてくれたから今が入るチャンスだよ」と伝え入室を促すと、すっとTは自分の席に向かって歩いて行った。Tが自分の席に座ったのを見届け職員室に戻った。保健の授業が終わった後、教室に行きTに声をかけると、今日はこれで帰るとのことだった。せっかくTが学校に来られたので、このままTを学校にいさせたいと思ったが、本人の意思を尊重することにした。

これを機にTが学校に来られるのではと期待していたが、その後も欠席が続く。

学年主任とTの状況を共有し、期末考査前に再び面談をすることに決めた。保健以外の科目の欠課時数も厳しい状況になってきたため、TとT母との三者面談を行うことにした。学年主任は「私も入ろうか?」と言ってくれたが、「まずは私で話してみます。」と伝えた。その後、学年主任と面談時に話す内容や方向性を決めた。T宅へ電話し、三者面談の提案をすると了承してくれた。

面談日である6月28日夕方、TとT母が来校した。まず最近の様子を尋ねると、Tが、今日は7時過ぎに起きられたこと、面談に行く前にお腹が痛くなったが薬を飲んで学校に行けたことを話してくれた。欠課時数のカウント表と行事予定表を見せながら、保健の授業だけではなく、英語表現の欠課時数も厳しいことを伝えた

(真)今後の学校のことはどうしますか?(T母)本人がここで進級と卒業を目指すと言っているので、今は本人の言っていることを尊重します。ダメになった時に次のことを考えます。(真)Tさんは、今お母さんが言っていたように、ここで進級と卒業を目指すということで大丈夫ですか?(T)はい。大丈夫です。

面談を終えると、Tが「授業プリントを取りに教室に行きたい。もしかしたら同じ部活の子が勉強しているかもしれない」言ったので、T母は先に帰ることになった。Tに付き添い教室前に行くと、教室前の廊下でOが勉強をしていて、私とTに気づき「あっ、T来てたんだ」と声をかけてくれた。「Oにテストのことをいろいろ聞いてみたら?」とTに言ってみると「そうします」と答えてくれた。しばらくTとOと私とで雑談をしながら過ごし、その場の雰囲気とTの様子が大丈夫そうだと感じたので、「勉強頑張ってね」と伝え、私はその場を離れることにした。次の日、Oに声をかけ、昨日は何時まで一緒にいたのか聞いてみると、下校時間まで一緒にいたと答えた。今まではOに言えなかったが、この時初めてOに対して、「Tは休みが多いので教室に入りにくいと思っている。でもクラスにOがいて良かったと言っているから、Tが学校に来た時には声をかけたり、休んでいる時に連絡をしてみたりしてくれたら嬉しい」と伝えた。

転学の決意

2学期になり、学校では分散登校が行われていた。曜日ごとに奇数と偶数とで登校日が決められ、登校しない日はオンラインでの授業参加となったため、実質生徒の登

校日は半分となった。Tにとって分散登校は、学校に行く負荷が下がったようで、登校日は全て朝から学校に来ていた。Oとは別々の登校日であったが、昨年同じクラスだったYや他の女子と話をしている様子も見られるようになった。10月から通常登校に戻り、Tは変わらず出席を続けていたが、ついに10月7日に欠席をする。その日の夕方、T宅へ電話をし、Tから聞き取ったことは、通常登校に戻り休みがないのがきついこと、学校に行こうと思うがお腹が痛くなってしまう、何でなのか自分でもわからない、ということだった。私からは、英語表現が残1で数学も残り少ないこと、明日両方の授業があるから学校に来るように、とやや一方的に伝え電話を切った。次の日Tは欠席し、英語表現は残0となった。

Tから話があるという連絡をもらい、10月11日の私の空き時間にTと面談をした。その時Tから初めて転学（A高校）の話を聞くこととなった。すでに10月9日にA高校の説明を聞きに行っていて、その時の体調に合わせて登校日数を選べる点に惹かれたとのことだった。（T）今は学校を移りたい気持ちとか、次に向けての気持ちが強い。大学進学の話をしたら、進路相談に乗ってくれることになり、今週の木曜にまたA高校に行く。だから、中間テストは受けない。（真）今までうちで続けるって気持ちだったのに転校しようと思ったのはどうして？（T）自分は、大学に行きたい、勉強したいという気持ちがあった。だけど昨年から休みが多くなって、課題がたまって、きちんとこなしたいんだけど授業は進んで…。周りができているのに何で自分だけ…っていうのが悩みだった。周りに応えないと、と思っていたけど、これからは、自分のペースでやれることをやりたいと思った。

初めてTの本音を聞いたような気がした。欠課時数が切れたわけではないのでもう少し頑張ってみてから考えてもいいのでは、と伝えてみたが、Tの決意は固かった。周囲に合わせることや周囲の期待に応えることから抜け出し、Tが自分軸で歩み始めたことを喜ばしく捉え、Tが自分で導き出した選択を全力で応援しようと私は思った。その一方、Tのような生徒が、自分に合う道として転学を選ばざるを得ない現実（学校の限界）について、やるせなさを感じずにはいられなかった。

10月末付で転学と決まり、最後に学校に来てくれた日、私はTに手紙を渡した。学年主任や部活の顧問とも挨拶ができ、今までで一番晴れやかな表情のTの姿が印象的だった。

（まひら　あゆみ）

「不登校」から生きづらい社会を問い直す

当事者の声①

学校適応者とは

和光高校卒業生 **遠藤怜良**

学校に行ってもまともに授業が受けられなかった。来ただけで疲れ果てていた。顔を上げていることもできなかった。腕を囲んで下を向いてひたすら寝ていた。誰かの声を聞くこともきつかった。せっかく来たのに帰ることばかり考えていた。そんな日々に嫌気がさしていた。学校に適応することができない。それが何より苦しかった。人は比べるものではないし、比べることができないものだと思っている。しかし学校にいると、誰かと比較しないといけないものだと認識してしまう。違う家庭で育った人たちが集まり、スタートラインすら違うのに、同じ学校という枠組みで存在する限り、同じように過ごさないといけないように思える。人と比べることを学ぶことも学校なのかもしれないが、学校を支えている潜在意識が私の居場所を奪っていた。

自分の頭で考えれば考えるほど苦しくなる

「自分の居場所がない」そう思った時に、学校に行く理由が見当たらなかった。「人と同じであるべき」という空気が漂い充満する中、異質な存在であることが学校での居場所を奪っていた。集団でいることの重要性とは何か。

自我を認識すればするほど、自分の考えが複雑になればなるほど、異質さは増し、集団でいることが難しかった。幼稚園から小学校、中学校、高校とあり、幼いころから誰かと何かを行う作業はたくさんしてきて、集団でいることには慣れているはずだった。集団への違和感なんか抱くことなく当たり前のように過ごしてきた。飛び出ることがないように生きるには、異質な存在であることは空気を悪くしてしまう誘因になった。こうした考え方の自分がおかしいのかもしれない。きっとどこかでこう思えるきっかけがあったはずだ。集団に馴染めない、馴染もうと思えない。それだけのことで中等学校生活は精神的苦痛でしかなかった。

個性がうまく交じり合った者同士が集団になり、仲間になっていく。互いに受け入れがなく、尊重されないままで集団になることは不可能だ。学校では、その尊重が充分ではないままに半強制的に決まったことが行われる。交じり合うきっかけや理由がなければまとまることなんてできないはずだが、作業が成功すれば団結しているかのように見えてしまう。そして、この釈然としない気持ちは、そんな気持ちを感じていない多数派の空気によってかき消されてしまう。だから嫌だと思っていることを嫌だとは言えない。そうした空気が常に漂っている。「なんでこれを行わないといけないのか」という疑問が湧いても聞いてくれる人はいない。教育的に意味のあることだから行うのだと思うけれど、そこに疑問を抱くこと考えを持つことはいけないことなのか。それは最も核心的な部分の「なぜ学校に行かなければいけないのか」という考えにも繋がる。

苦しさを共有できない苦しさ

学校に行けないことが大きな問題だとは思わなかったが、卒業できないことに関しては、自分の人生に関わることだと認識できた。毎日学校に行けるか行けないかの状態で、卒業という目標も近くはなかった。「どうしたら行けるようになるのか」不登校者で考えたことのない人はいないはずだ。本人の心の問題だと言われれば、それで終わってしまう話ではあるが、心の不安定さは誰にでもあるものではないのか。特別なことではないのだから、みんなと共有できるものだと思っていた。見えないことを理解することは難しいが、悩みのない人間なんていないはずなのに。適応できないことが、不適応と簡単に片付けられる問題ではないはずだ。

　楽しいから学校に行く、友達に会えるから学校に行く、学校に行く理由をつけるとしたら、こうした単純なことだと思う。この単純な理由も見出せずに生きていることが、虚しく思えた。こうした思いでいることが、学校に適応できる人にはわからないのだろう。「嫌だから行かない」ただそれだけの理由だったらよかった。それだけだったら、また学校に行ける時が来たのかもしれない。

　「自分は自分らしく」そう受け入れられたかった。不適応者としてではなく、私として認められたかった。少数派でいることが、みんなと違うことをしているだけで、クラスで浮いてしまう。「近寄らないで、っていうオーラが出ているよ」と言われたことがあった。グループができている中で、誰と喋っていいのかわからない中で、自分をその場にいさせるには、そうしたオーラを出すしかなかったのだと今では思う。心を開くのに時間がかかる。色々な人がいて、十人十色だから人間は面白いのだと、それを学ぶために学校はあるのだと思っていた。自分が良ければそれでいいのか、想像以上に他人の異なる意見や感覚が見えていない人が多かった。それは教師も含めて。陽キャだとか陰キャだとか、そうした部分はさほど居づらいと感じる原因ではなかった。ただ何かをするにあたって温度差がある状態だと、どちらかの空気に流されてしまう。どちらかというと陽キャの方の空気が強い。みんなで楽しむというより、自分たちが楽しいかが基準になっている。それで決まったことが平等だとは思えなかった。だからなおさら意欲が湧かなかった。やる意味がわからなかった。受け入れられていないのに、他人に合わせることが必要なのか。自分みたいな考えの人が協力していないと思われるが、一方的な意見を通すことにただ賛成することが、協力ということだとは思わなかった。色々と考え込んでしまうことが生活する上で億劫だった。

教師（大人）であることの暴力

　教師も人間だから好き嫌いや、合う合わない人がいて当然だと思うが、態度や顔に出されると生徒はどうして良いのかわからなくなる。意外とわかってしまうものだと思う。学生時代は何よりもセンサーが働き、敏感になっている時期だから。「学校がどういうものか考えてほしい」そう担任から通知表に書かれたことがある。考えて必死にもがいていたつもりが、自分の悩みは伝わっていなかったのだろう。突き放された感じがした。そういう言葉を書く前に、もっと聞いてほしかった。話せるタイミングはあったのではないか。大人の手を借りないと生きていけない歳で、家庭でも学校でも助けを借りられない状況は、一人ではどうしようもできなかった。友達関係も重要な時期だが、大人から見放されることが一番辛かった。自立したくてもまだ自立できない、未成年であり学生でいる自分が無力に思えた。

さいごに

学校に限らず適応できない場所があると、人間誰しも生きづらいものだ。受け入れられれば、それだけで存在意義に繋がる。負の出来事が必ずしも、負の未来しか生まないとは思わない。不登校になり学校に適応しなかった経験が、辛かった過去であることに変わりはないが、自分の貴重な経験にもなった。自分には寄り添って受け入れてくれて、卒業できる環境を作ってくれた恩師がいるが、学校全体がそうした体制ではないし、どこの学校でも起こることではないと思う。一人で向き合うことには限界がある。学校は仲間を作る場所であり、自分の考えを他人と共有し膨らませる場所でもある。どんな場所でどんな環境であろうとも、孤立していたい人間はいないはずだ。一人では生きられない、誰かと生きるために、学び成長していく生き物だから。個人に適応力を求める社会ではなく、共生社会、誰もが受容される社会を築くべきだ。

（えんどう　れいら）

特集2 「不登校」から生きづらい社会を問い直す

当事者の声②

学校による「罪の擦り付け」―その後の再生―

熊本学園大学 丸内 敏也

はじめに―〝不登校〟になるまで

2016年4月、私は熊本市立の中学校に入学した。その中学校は、独自のルールがかなり厳しい学校だった。給食の準備は、給食室から運んで配膳までを5分以内に終わらせないといけない。また、週に1度行われる全校集会では、教室からの移動で少しでも言葉を発すると、学年全員が教室からやり直しとなるほか、講話前後には、まるで土下座かのような礼をしなくてはならない。当時、小学校から急に環境が変わったことだけでも、精神的な負担があったが、まさに軍隊のようなルールに縛られることで、心身ともに大きなダメージを負っていた。

入学直後の4月14日、熊本地震が発生。自宅は震源地に近かったため、繰り返す揺れが長期に及んだ。しばらくは車中泊を余儀なくされ、学校も長期休校に入った。GW明けから学校は再開されたものの、教室棟に大きな被害を受けたため、体育館をパーテーションで区切った簡易的な教室で授業が行われた。地震の被害による重い精神的な負担に、さらなる慣れない環境が、いつの間にか自分を追い詰めていた。

そんな中、5月の体育祭が予定通り実施されることとなり、学校再開翌日からとてもハードな練習が始まった。精神的に追い込まれていた自分に、身体的な負担も加わり、次第に体調を崩しやすくなった。この頃から、早退・欠席が増え始めた。体調を崩し保健室に駆け込むと、養護教諭から「また来たの?」、担任からは「そんなに休んでいると行きたい高校行けないよ?」と、心無い言葉をかけられるようになった。体育祭当日、競技の参加を拒否し、見学するという形をとった。グラウンドには、いたる所に報道陣の姿。熊本では、多くの学校が体育祭を秋に延期する対応をとっていた。そんな中、被害が大きかった学校の被災直後の実施というだけに、報道陣からの注目も高かったのだろう。翌日のテレビニュースでは、〝地震乗り越え…〟というフレーズとともに、競技に励む生徒たちが放送されていた。「弱い自分は無視か」という憤りの気持ちや、〝ついていけない自分〟に対する情けない気持ちに、とても複雑な心境だった。

こうした様々な要因が重なり、これ以降さらに学校を休みがちに。登校したくない自分と、なんとか行かせたい親との間で毎朝衝突していた。しばらく経って、母から「しばらく学校はお休みしようか」と提案してくれて、翌朝からは、わずかながら安心して休むようになった。

担任からの言葉―「あなたを許さない」

それからは、登校しないことで生活リズムが崩れ、しばらくは昼夜逆転の生活だった。その頃、どのように過ごし、何を思っていたのか、今でも思い出せないでいる。ただ、はっきりと覚えているできごとがある。

この生活が始まってから、担任は2~3日に1度、家庭訪問するようになる。その度に渡される大量のプリントや、クラスメイトからの手紙がとても苦痛だった。小学校からの友人から貰う〝無理しないで頑張ってね〟という励ましの言葉はとても嬉しかった。一方、中学校から合流した話したこともないクラスメイトからの〝待ってるよ〟などといった手紙には、「先生から無理やり書かされたのだろうな」という申し訳なさもあった。

ある時、全校で行われる家庭訪問に合わせて、現状と今後について私・親・担任で話し合う機会が設けられた。当時体調が悪く、内容はあまり覚えていないが、この言葉だけははっきりと覚えている。「あなたが先生の子だったら、私は今の状態を許さない」担任から見放されたような、何とも言い難い気持ちだった。

またこの頃、母は担任からの勧めで、スクールカウンセラーによる面談を受けていた。そのカウンセラーから、親子で大学病院の精神科を受診するよう勧められた。実際に医師から、当時の精神状態や対処法などの診断を受けたのだが、いつも心にモヤモヤが引っかかっていた。「学校にも悪いところがあるはずなのに、なぜ自分だけこんな目に遭わないといけないのか」この辺りから、不登校当初からのモヤモヤが、次第と学校に対する不信感に変わっていった。不登校の原因を学校から擦り付けられているように感じたからだ。

最大の転機―適応指導教室入所

不登校の生活を始めて半年ほど経ったころ、母からの勧めで、熊本市の適応指導教室へ入所することになった。このできごとが、当時の私を変える最大の転機となる。体験入所で始めて教室に入った際、教室の先生が「よく来てくれたね」と優しく声をかけてくれる。これまでと全く違う環境に衝撃を受けた。これまでの、登校して当たり前、来ないと強引に檻に入れられるような学校と比べて、強要しない・自分をありのまま受け入れてくれる、そんな環境に次第に心が惹かれた。正式入所後は、この教室が日々の生活におけるモチベーションとなった。仲間と一緒にスポーツや教科学習、コミュニケーション学習に取り組んでいく。少人数で打ち解けやすい雰囲気のおかげで、これまで消極的なタイプだったが、自分から進んで会話をするようになり、教室内で自身の存在感も感じるようになった。通える日数が徐々に増えていき、次第に生活リズムも元に戻りはじめた。その後も、中学卒業までこの教室に通う日々が続いた。

3年生になり、中学卒業後の進路について考えなければならない時期となった。しかし、中学課程の学力はごくわずかしか身に付いておらず、大きなハンデがあった。適応指導教室において身に付いた生活リズムを維持しながら通える高校を考え、通信制高校への進学を決めた。

高校・大学進学―〝完全復帰〟へ

進学した通信制高校は、生徒自ら企画する行事が盛んで、生徒自身のやりたい事を認め・受け入れてくれる環境だった。その環境に感化され、歓送迎会の企画や、文化祭の実行委員長など、様々な行事に積極的に参加した。また、〝通信制高校の（ネガティブな）イメージを変えたい〟という先輩の強い思いから、熊本の他通信制高校との合同イベントを企画するようにもなった。そうした先輩たちに惹かれ、「自分も何かできることはないか」と模索を始め、自身の不登校経験を伝える講演活動や、不登校支援事業への参加を始めた。講演会に来てくれた不登校の子を持つ親から、「感動した」「勇気をもらった」という言葉を貰った時は、感極まる思いになった。

高校生活での様々な経験により将来に向けて興味・関心の幅が広がった。それを受け、地元大学への道を志した。高校での活動が、総合型選抜試験において認められ、合格。不登校を経験したとしても、目の前のことを全力でやり遂げることで、その先の道も広がるのだと感じた。

大学では、高校で身についた積極性を生かして、学生団体に所属。大学側と連携した大掛かりなプロジェクトを受け持っている。今後は、不登校支援や教育改革など、教育関係の取り組みも手掛けていきたいと考えている。

おわりに―チームで生徒に寄り添う支援を

子どもはそれぞれ多様な感じ方を持っている。実際自分もそうだったが、〝学校の何が嫌なのか〟〝今後どうしたいのか〟気づけていないこともある。一方、どうしても学校は、不登校など、レールから外れた子どもに対し、強引にでも引き戻すことを優先しがちである。ただ、それでは困っている子どもは置いてきぼりにされてしまう。一度復帰させたとしても、次の進学・就職先で同じ様な状態になってしまう〝負の連鎖〟が発生してしまうのではないか。そうならぬためにも、できるだけ早いステップで困っている子どもにしっかり寄り添い、問題点を取り除いてあげることが重要だと感じている。

しかし、困難な子どもへの対応を、教師ひとりが抱え込んでしまっては、困っている子どもに万全なサポートが不可能になる。もとより、その教師の姿を見た当事者・親が言いたいことを遠慮してしまい、結局溝ができてしまうという事例を、講演活動を通して耳にした。学校現場が一体となることはもちろん、外部の支援団体など第三者の視点を取り入れ、それぞれのケースに応じた寄り添う支援が大切だと考えている。

（まるうち　としや）

「不登校」から生きづらい社会を問い直す

当事者の声③

中学2年生の「わたし」を見つめ直して

博士課程前期1年　佐東宇多

はじめに

私は、中学2年生の1学期後半、20日程度不登校を経験した。現在、22歳になった「わたし」が、自身の経験を振り返る。

「わたし」は小学生時から、常に誰かを巻き込んで行動を起こすのが好きで活発なリーダータイプだった。中学生になった私は、真面目で、ルールはしっかり守り、曲がったことが大嫌いだった。コミュニケーションを取ることは得意だったが、周囲の様子や雰囲気を気にしすぎてしまい、一人で抱え込みやすかった。

中学入学後の「わたし」

中学校に入学して、私は学級委員を務め、後期から3年生前期まで生徒会執行部に在籍した。部活動には所属せず、3歳から続けていたクラシックバレエに学外で励んでいた。周囲からも真面目だと言われていた一方で、学級委員としての務めを果すべく、厳しく注意したり先生にチクったりしていて、周囲から浮いていたと感じる。

また、1年時のクラスは、1学期中ごろから学級崩壊をしており、その時からも学校に行くことが無意味であると感じていた。私の学年は特に事件や問題が多発していた学年であった。私は、入学時から常に生きづらさを感じていた。

暗黒な学校生活

①2年3組

進級した私が所属した2年3組は、男女の分け隔てがなく団結力もある、一見すると「良いクラス」であった。しかし、内情はとてつもなく恐ろしいものだった。

仮面クラスの担任は、女子ソフトテニス部の顧問で、生徒会も担当していたK先生。K先生は、基本的に問題を隠蔽し、目の前で起きている問題に関心を持たない体質で、間接的な圧力で生徒をコントロールしていた。時には、教室内に怒号を響かせ、何か問題が明らかになった際には、問題が解決するまで（先生が納得するまで）、生徒を教室から一歩も出さない、とても厳しい対応をしていた。K先生は、普段から生徒に対して順位付けをしていて、生徒によって態度や扱いを変えていた。特に、ソフトテニス部の生徒、運動部の生徒を「優遇」していた。一方、そうでない生徒に対しては、ぞんざいな口調だった。私は後者で、生徒会執行部に所属しているにも関わらず、口もきいてはもらえなかった。

そのようなK先生が率いる2年3組には、自然発生的に生徒同士の順位付け、いわゆる「クラス内カースト」ができた。クラスの友達は、小学校時代から仲が良い友達も多く、名簿を見た段階では、安堵の気持ちが大きかった。だが、このカーストにより、運動部にも所属せず、担任からもいないように扱われていた私は、その順位が低く、以前からの友人関係までもが崩れ去ったのだった。

ある日の学級会で、体育祭の出場競技を決めていた。私は、生徒会兼実行委員としての役もあり、あまり出場できない旨をクラス全員の前で伝えた。その後、周囲の女子から「良い子ぶってるよね。気持ち悪い」と言われていることに気がついた。それは次第にクラス全体に広がり、陰口や無視が始まった。

また、この頃からクラスのLINEグループが出来ており、そこでも私の悪口などが言われていたそうだ。

②生徒会と学校組織

私は、生徒会で保健委員会のオブザーバーとして活動していた。ある日、活動を終えようと担当であった保健室の先生に挨拶に行った時、突然「お前は使えない、仕事できないじゃん」と言われた。その鋭い言葉は、ずっと私の中に突き刺さり、一人で悔しさと悲しさを抱えていた。さらには、これが一部の生徒会のメンバーに伝わったようで、生徒会内でも立場がなくなり、無視も始まった。もちろんK先生は、私に無関心なためか、この状況に全く気づいていなかった。

③身体の異変

学校での苦しさを紛らせる唯一の生き甲斐は、クラシックバレエを踊ることであったが、その楽しみも失われていった。成長期である中学生は体型が激変する。私は特に太りやすく、気をつけていても、体重が増えてしまい、バレエ教室の先生からの執拗な指導で過度なダイエットを強いられた。これにより生理不順になり、益々身体に異変を感じるようになった。またこの時期は、学校での苦しい生活とも重なり、心身共に蝕まれていった。

学校に行きたくない、人が怖い

学校が苦しく、バレエもつらいものとなり、毎晩寝付くことができず、枕を濡らしていた。とうとう私は不登校となった。普通の食事も喉を通らず、生理不順も続いていた。あまりの生きづらさに、部屋の壁に傷をつけたり、カーテンを切り裂いたり、棚のガラスを拳で割ったり、自傷行為にまで至った。

私は、家族を悲しませたくない、迷惑をかけたくないと、一人で抱え続けていた。しかし、母親の目を誤魔化すことはできず、学校で何が起きているのかを全て話した。母は、深夜まで聞いてくれた。

母は、このことを父にも共有し、両親が学校に話をしに行くことになった。当時の校長は、父の同級生で、古くから付き合いがあった。そのため、真摯にこの問題に向き合ってもらえた。私は、学校に行くことができず、両親が校長と、学年主任と面談を重ねた。その面談に担任は同席せず、アクションを起こす素振りもなかった。

私は学校が怖く、誰とも話がしたくない、誰も信用できないという、外部との繋がりへの恐怖を抱いていた。直接コミュニケーションを取ることが不可能であった。そこで、手紙で私が学校に対して思っていることを綴り、校長、学年主任を中心に学校へ復帰ができるように働きかけをしてくれた。

後に聞いたが、自傷行為を繰り返している私の様子を母が伝えたとき、校長は「そんなに簡単に人は死なないよ」と言い、母は「簡単なものですよ」と答えたそうだ。

学校に復帰して

両親と先生方の面談から数日後。担任のK先生から電話があり「大丈夫か?」と、今までの態度を一変して、寄り添う姿勢を見せた。しかし、今まで見過ごしてきたことや、異変に気づかなかったことなどに対する謝罪は一切なかった。学校からは、それ以上の働きかけはなかったが、勇気を振り絞って20日ぶりに正門をくぐった。

クラスについては、学年主任、担任のK先生が、私の現状について話したそうだ。クラスメートの態度が急変し、カースト上位の友達などが話しかけてくれるようになった。しかし、それは継続せず、2学期に入ると、また隔りを感じて登校が少し苦しかったが、そのような中でも、話しかけてくれる友達や、放課後や休日に遊ぶ友達も増え、少しは気が楽になった。

生徒会についても、K先生が話してくれたことで、以前のような無視・陰口は減り、仲良く活動することができるようになった。保健室の先生からは、直接謝罪があったものの、自身の発言については終始否定された。

徐々にクラスに復帰でき、学校行事にも参加できた。しかし、根本的な要因である「カースト」はなくならず、K先生や保健室の先生を含む、中学校全体で変革が起こることはなかった。不登校問題について納得する対応を取ってくれたとは思っていない。

おわりに

私が経験した不登校は、学校における度重なる人間関係のもつれと、体調の変化による不安定さが原因であった。クラスメートとの関係性に加え、先生との関係性が大きな引き金になってしまっていたと思う。また、私自身の気にしすぎな性格も一因になったと考える。

今現在も、地元に仲の良い友達が少なく、関わろうと思えないのも、中学校での経験が影響していると感じる。

当時の「わたし」が経験したことは、とても苦く、辛く、痛いものであった。だが、それが、今を生きる私の教訓にもなっている。私の不登校体験を共有いただき、改めて不登校問題の議論を広げ深めていってもらいたいと願う。

（さとう　うた）

「不登校」から生きづらい社会を問い直す

実践記録②

地域で不登校の親と子に寄り添った25年間の軌跡

臨床発達心理士　**穂積妙子**

つくば子どもと教育センターの発足

つくば子どもと教育相談センターは１９９５年茨城県つくば市に設立されました。今年で27年目に入ります。設立の中心は、つくば市の小学校の校長を退職された志賀伸三郎氏（故人）でした。在職中から地域との繋がりを大切にされていた志賀氏が、退職後本格的に地域で教育問題を考えようと数人の賛同者と共に立ち上げた組織です。退職・現職教員、子どもの文化活動関係者、婦人運動関係者、ＰＴＡ活動関係者などがそのメンバーで、私自身も立ち上げに参加しました。１９９４年準備会を作り、毎月小学習会を開催し参加メンバーを増やしながら翌95年、正式発足しました。発足当時のメンバーは50人にも満たなかったと記憶しています。活動内容は①学習②教育相談③会報発行の３本柱でした。この時点では、不登校問題に特化した組織ではありませんでした。広く教育問題を学ぶ会という性格であったと思います。市民の会であることと、「子どもの権利条約」を活動の基本に置く、ということは最初から確認していました。また、安定した活動基盤を得るため、会費制の会にすることを決め、趣意書を作って加入を呼びかけました。当時つくば市には公設の相談組織（現在の適応指導教室）などがなく、市民立の相談組織の立ち上げは大変歓迎され、最初の1～2年で会員は100人を超えました。

不登校児童生徒の親との出会い

月例学習会にお呼びした話者に不登校の中学生の母親がおられました。また毎回学習会に参加される母親でお子さんの不登校に悩まれている方も数人おられ、主に志賀代表が個人相談に応じていました。これらの母親たち数人が当事者同士で話し合う会を自主的に立ち上げ、志賀代表や元教員メンバーが会に呼ばれて話し合いに参加するようになりました。その後この会が「不登校親の会」として独立した組織になりましたが、立ち上げとその後の運営に不登校の子どもたちの母親自身が積極的に取り組んだことは特筆すべきできごとでした。当時の不登校生は中学生が圧倒的に多かったです。つくば市は国策で人工的に作られた学園都市部分と、周辺の農村部分の合体で作られたある意味複雑な地域で2者間の地域性の違いも大きく、農村部の中学校では「丸刈り校則」など管理的な校則が残っている地域もありました。学園都市部では自力で通学できる高校の数が少なく、過度な受験競争になっている状況も見受けられました。まじめに勉強してきて、中学、高校で不登校になってしまう生徒たちを当時の私たちは「良い子の息切れ型不登校」と名付けていたほどです。

初期の不登校児童生徒と親（保護者）の苦悩と困難

1992年に当時の文部省が「不登校はどの子どもにも起こりうる」との画期的な見解を出したことは、不登校関係者の間では歓迎を持って受け止められていました。しかし学校現場で、ましてや家庭でこの見解が理解される機会は少なかったようです。学校でも世間でも「不登校は特殊な子」「弱い子」「親の育て方の問題」と捉えられることが多く、親はそれらの言説に苦しみ、子どもは学校に行けない自分を責め悩みました。私は2008年の大学院の修士論文で、不登校児の親への聞き取りを基にしたナラティブ研究をしたのですが、少なくない母親が、「子どもを殺して自分も死のうと思った」とか「車を運転している時トラックに飛び込もうと思った」などと悲壮な体験を語りました。「いのちの電話」に相談をして不登校親の会の存在を知った、という母親もいました。「不登校」という烙印がそこまで辛いものだとはそれまでの私には十分理解できていなかった、と痛感しました。

しかし親たちは親の会で経験を交流し、学習会や講演会で不登校について学び、カウンセリングで心の荷下ろしをし、ゆっくり確実に歩み始めました。当時の講演会で、親たちの心をしっかり支えてくださったのは横湯園子先生でした。そして自分たちで子どもの居場所を作ろうと1998年に当時の事務局長和気三恵子さん（故人）の自宅の提供を受け「子どもの家」を立ち上げました。

「子どもの家」の子どもたち

「子どもの家」開設当時は、利用者はほぼ中学生のみでした。女子が多く男子は少なかったです。利用者が1人、という時もありましたが大体2人〜4人くらいの利用でした。利用時間の決まりはありましたが、好きな時間に来て好きな時間に帰ってよい、好きなことをして過ごしてよいが、お昼ご飯は皆で調理して一緒に食べる、体験してみたい子どもは手芸や工作などもできる、というゆるい活動形態でした。料理やお菓子づくりが得意なお母さん、手芸が得意なお母さん、電ノコを使える工作好きのお母さん、などいろんな特技をお持ちの、親の会メンバーがボランティアで関わってくださいました。平日開所なので父親の出番は残念ながらありませんでしたが、子どもの家主催の冬スキーには遠距離の運転を引き受けてくださるお父さんたちがいました。

子どもの家では、子どもたちも安心して過ごせたのでしょうか、学校でのできごと、自分の親や家族とのいざこざや将来の希望などを少しずつ話せるようになりました。その中で出てきたのが高校進学問題です。2000年当時、不登校の中学生が無理なく進学できる高校はつくば周辺にはほとんどありませんでした。

不登校中学生の高校進学

不登校親の会での聞き取りや子どもの家での子どもたちの直接の声から、不登校の中学生のほとんどは高校進学を望んでいると分かりました。そこで最初は全国で不登校生徒を受け入れてくれる高校を探しました。愛知県の黄柳野高校、埼玉県の自由の森学園、北海道の北星余市高校などへ親元を離れて進学した子どもたちがいました。県立高校では全日制は難しく定時制高校や、県に1校だけある通信制高校に遠距離通学した生徒がいました。

子どもたちが在籍していた中学校は全体的に不登校生徒の高校受験には消極的でした。

「中学も来れないのに出席に厳しい高校に行けるわけないでしょう」「高校に行きたいなら、3学期はちゃんと中学にきてごらん」「定期試験を受けてないので、成績がつけられないです」「通知表はオール1です」など当時の不登校の親子が浴びせられた厳しいことばの数々です。しかし私たちは、不登校の要因の一つは周りの環境との不具合がある、と考えていたので高校進学の時期を危機と捉えず、新たな環境に身を置けるチャンスとして捉えようと考え、高校受験改革に取り組むことにしました。

茨城県立高校の入試改革に挑む

県教育委員会の高校教育課との入試改革の連絡や交渉の場の設定、資料作成に尽力くださったのは、センターの会員で当時日教組茨城県教育センターの所長をされていたK氏でした。交渉には県内のいくつかの不登校相談の組織にも呼びかけ、参加いただきました。不登校の当事者である中学生や保護者の方々が教育委員会との話し合いに毎年参加し、困難な状況を訴えました。話し合いは決着まで2〜3年かかったと記憶していますが、教育委員会の理解を得、不登校生徒に県立高校入学の道が開かれました。具体的には、年間30日以上欠席の生徒は「申告書」（生徒と保護者記入）を提出することによって、欠席日数は不利にならず、調査書の成績より当日の点数を重視する枠を各高校に設ける、という画期的なものでした。これ以降、この制度を使って県立全日制高校に合格する生徒が増えました。

高校進学を考える会の開設

県立高校の入試制度の改革がなされた頃から、県内の私立高校も不登校生徒のために入試に特例を設ける動きが出てきました。これらの情報を正確に伝えるため、毎年9月〜12月まで期間限定で高校進学を考える会を開催することにし、現在も続いています。不登校親の会の世話人グループが運営しています。県立高校の現職教員、私立高校元教員、通信制高校教員が直接説明に当たります。実際に高校進学した先輩生徒や保護者から体験を話してもらうこともあります。高校進学の会に関わり高校に進学した生徒は、7〜8割は通学できています。毎日の通学は困難、ということで最初から通信制高校を選ぶ生徒も増えてきましたが通信制高校で学ぶうちに大学進学を希望するようになり、毎日通信制に通うようになった生徒も相当数います。大学進学に特化した通信制の課程もできましたが、学費が高いのが問題点です。通信制高校の側でも特待生制度を設けるなど配慮されている例はあります。

高校生と不登校

前項「初期の不登校」に書いた通り、15年程前までは中学生の不登校が多数を占めていました。しかし近年、小・中学校では不登校歴はなく高校生になって不登校になるというケースが増えています。いくつかのケースがあるのでひとくくりにはできませんが対照的な2つのケースを書きます。1つは県立高校、私立高校で進学校と言われる学校での不登校です。これらの学校は課題が多いので有名です。高校に合格すると入学までの間に沢山の課題が出されます。入学早々課題ができていないことを叱責、注意され不登校になった、との事例、毎日の宿題の多さについていけなくなった、との事例など、中学時代比較的優秀な成績を保っていた生徒が高校1年の段階で不登校になっていきます。また、私立高校の進学クラスでは、放課後の補習で毎日帰宅が午後8時9時になり自分の趣味や楽しみに時間をとれず体力、精神力が持たなくなった事例もありました。学力の高さで自己肯定感を持っていた生徒は、成績が落ちると一挙に自信を失います。学力以外の自分の長所や強みに目が向かないのが残念です。また子ども以上に親の落胆が大きいことも多く、親が子どもを支えることが難しいケースがあります。茨城県の県立高校は大学進学者の数と進学先によって、県からの補助金に差をつけられると聞いています。進学校と言われる学校での過酷な進学対策が新たな不登校を生んでいます。

もう1つのケースは、特別支援教育の問題です。小中学校で小人数の特別支援級に在籍し、丁寧な学習支援を受けていた生徒が高校進学をします。これらの生徒たちは小中学校では個別支援計画に基づき「合理的配慮」を受けていました。しかし進学先の高校側に個々の生徒への「合理的配慮」の内容が伝達されていないのでは、との疑問があります。また、伝わっていたとしても高校側に同様の配慮と学習のノウハウを保証できる環境と人的リソースがないことが問題ではないかと思われます。平成19年度に公立高校での特別支援教育の実施が明記されましたが、支援の内容はカウンセラーや相談員の配置が中心で、小中学校のような教員の加配による通級指導はほとんど行われていません。小中学校では少人数の支援学級で適切な支援を受け不登校にならないで通学できていた生徒が高校進学によって新たに不登校になるケースはとても残念です。

発達障害と不登校

２０１０年頃から発達障害関係の相談が増えました。私は発達障害と不登校が直接的に関係するとは考えていません。不登校は発達障害の２次障害と捉えている研究者もいます。しかし、最近の不登校親の会では、「子どもは発達障害です」と話される親は珍しくありません。発達障害だから不登校になっても仕方がない、と考える教員や保護者はいないと思いますが、障害名を知ることより大事なのは、その子どもが学校の学習や環境、先生や友達との関係で何に困っているのかを知り、対応方法を相談したり必要な支援を要請することだと思います。適切な支援をするためには、学校カウンセラーや特別支援教育コーディネーターと担任や保護者がしっかり連携する必要がありますが、その課題はまだまだ未達成です。保護者や支援者の立場としては、学校で行われるケース会議に保護者も加えてほしいと考えますが、実現している所は少ないです。現在つくば市では過疎地域の学校の大規模統廃合やTX沿線開発地の急激な人口増による大規模小中一貫校の建設などで２０００人近い規模の学校が増えています。文科省が示す学校の適正規模をはるかに超えます。このような大規模校の存在自体が発達障害圏の子どもたちには不適切で過酷なものです。人が多いことや騒々しいこと、学校が広くて分かりにくいことなどが、ストレスとなっています。

発達障害圏の不登校相談の場合は見守りだけに徹することは避けます。子どもの特性を詳しく聴き取り家庭、家族でできる支援を考えると共に、病院や発達支援センター、地域の児童放課後ディケアなどの家庭外の支援リソースもお知らせするようにしています。検査をお勧めすることもあります。小中学生は、自分の得意、不得意を知り得意なことを伸ばすことが大事ですが、仮に不得意な分野であっても取り組む必要がある時には支援を求めることができる力をつけてあげたいと思います。高校生には、社会に出る準備として学力以外の分野でも自分への理解をより深めてもらいたいです。大学での支援の在り方も研究が進んでおり、以前より状況はよくなってきていると思います。

幼少期にさかのぼって考えると、現在全国的に実施の方向にある「5歳児検診」を茨城県内でも完全実施できれば、小学校入学前から継続的な支援ができる可能性が広がると期待しています。幼少期から適切な支援を受けた子どもの方が、高校生以上の年齢になった時の社会的な適応がいい、ということは証明されています。

コロナ禍と不登校

現在も新型コロナが収束したとは言えませんが、コロナまん延後の2021年の全国統計では予想通り不登校の数は増加しました。つくば市でも増加の割合は大きく小中の不登校生徒は前年の1・5倍近くになりました。コロナでの臨時休校の初期は、学校全体が休みになって不登校の子どもはほっとしている、とかオンラインでの学習が始まると、学校に行きづらい子どもにとって朗報だ、というような論調も一部にはありました。たしかにそのような面も否定できませんが、2021年の動向をみるとコロナ禍は不登校の子どもや学校が辛い子どもにとってはより厳しいものであった、と思わざるを得ません。コロナのまん延状況を連日報道されることで不登校の子どもの不安がより大きくなった、と訴える親も増えました。長い休みのあと人との関わりが怖くなり学校への復帰が難しかった子どももいます。オンラインで学校から出される課題がこなせず不登校になった、との声や、小学生ではオンライン授業も親や保護者が傍についていないと満足にはできない、との声もたくさん聞きました。

フリースクールと地域の学校の両方に通学している中学生からは、フリースクールからのオンライン授業は分かりやすかったが、学校からの配信の内容は難しく理解が困難だった、との声がありました。

不登校の子どもたち―現在と未来

25年前の不登校の親子と現在の不登校の親子の悩みや

苦しみは変わったでしょうか。不登校が増えたことによって「不登校は一定の市民権を得た」、とも言われていますが私は「学校に行けない」ことに対する苦しみにはあまり変化はないように思います。むしろ若者を取り巻く社会の変化、非正規雇用の増加や低賃金が横行し若者ワーキングプア、と言われる現状の中で、「学校」というレールからはずれることへの不安と恐怖は強まっているのではないか、とさえ思います。不登校から長期のひきこもり状態になるケースはそれほど多くないのですが、「このまずっと引きこもりになるのでは、と心配で」と語られる親が増え、現在の子どもの辛さや苦しみを受け入れようとするより、将来の心配の方に目が向いてしまいがちです。「学校に行くことを目指すよりも、子どもさんがどうすれば元気になれるかを一緒に考えましょう」とお話すると分かってくださる方は多いので、そこからのスタートです。

25年前と比べて不登校に関わる環境は良くなっていることがたくさんあります。つくば市では不登校支援の組織や団体、より広い子育て支援の団体などがネットワークでつながり情報交換しながら活動していますし、公設民営のフリースクールも今年度（22年度）は2校運営されています。公立学校以外の多様な学びの場や体験の場がこの数年で充実してきました。この流れが途切れることなく広がっていくことを期待していますが公設、私設を問わず活動場所や財源の確保などの問題は山積しています。25年前横湯園子先生が「不登校を解決しようと思ったら社会を変えなくては駄目よ！」と言われた言葉の意味を改めてかみしめています。

コロナの影響や働き方改革の影響で、公立の小・中・高校では授業時間確保が最も重視され行事の廃止や縮小などが行われています。それに対しつくば市の公設民営フリースクールでは、体験や経験に基づいた学び、協力して作り上げる行事などを大切にしており、定員40人程度と小規模なので先生も生徒も皆顔見知りという安心した環境が用意されています。子どもたちの豊かな育ちにとって何が大事なのか、どんな環境が必要なのか、研究者と子育て支援に関わる人たちが共同で考えなければなりません。また、当事者の子どもたちの声を聞き取り要望を実現できる制度が必要です。前述のフリースクールでは、保護者代表もメンバーにした運営協議会ができていますが、その場に子どもたちの代表を加えることを求めたいです。

（ほづみ　たえこ）

「不登校」から生きづらい社会を問い直す

実践記録③

一人ひとりのペースや思いを聴き取りながら

公立高校　**早川恵子**

本校はほぼ全ての生徒が大学進学を希望しており、進学に力を入れている一方、部活動や行事も盛んであることから、地域の人気校として入試の倍率も高い。しかし、高校入試という試練を乗り越えて合格したにもかかわらず、入学早々学校に来られなくなる生徒や、不適応をおこす生徒がいる。

入学早々の不適応

まず中学の頃より不登校傾向があり、高校入試は突破したものの、「人混みが怖くて座席は一番後ろにしてほしい」と入学時点で申し出る生徒がいる。中学校で別室登校をしており、入学後も登校してすぐに保健室に行ってしまう。このように、すでに不登校傾向や集団に対して不適応をおこしている生徒は、環境が変わることで登校できる生徒もいるが、1学期にすでに欠席がかさみ、進級できなくなり9月には進路変更を検討する生徒もいる。

また、受験で緊張を強いられ、やっと合格したものの授業のハイペースについていけず、絶望感を抱くものもいる。「進学校」はどこもそうなのかもしれないが、入学式の翌日に課題テストがあり、外部の模試も立て続けにある。そこで学年順位がつけられ、一気にプライドがズタズタになる生徒もいる。「1日3時間は勉強しないと学習についていけない」といった脅しのような教師の発言や膨大な課題の量に、自分がついていけるだろうかと不安を募らせる新入生は多い。「学習面が不安でやりたかった部活動を諦めた」という話はよく聞く。教師の側は最初が肝心と、従順な新入生の課題の量を増やし、その取り立てにも手を緩めない。新入生は手を抜くことを知らないので、課題を前にして絶望感を抱くのだろう。また今年から観点別評価が始まり、主体性までも評価されるので授業や課題の取り組み状況にも生徒は神経を使わなければいけないのかもしれない。以前は、1学期は緊張して何とかやりこなすものの、夏休み明けに不登校傾向が強くなる生徒が多かったが、最近は入学早々に「このペースについていけない」と感じる生徒が増えている。

さらに本校で最近多いのが、理数科における不登校傾向である。理数科には、こだわりのある生徒が入ってくることが多い。「好きなことはやるが、苦手なことはやりたくない」生徒にとって、学習の課題や研究レポートを期限までに仕上げて出すなど、普通科の生徒より負荷がかかる場面が多いため不適応をおこすことが増えている。「中学までは宿題は1度もやったことがなかった」という生徒も複数おり、出さなければならない課題が山積みになり、だんだん学校から足が遠のく。もちろん、特性のある生徒には特別支援の配慮はしていくものの、うまく調整ができていないところも多い。

2、3年生の不登校傾向の生徒には、たとえば大学ではなく専門学校を志望することになったのに、受験のためと一律に強要される課題に追われる生活が嫌で、この高校には居づらいといった進路に関する理由や、人間関係のトラブル、学習面での傷つきなどがみられる。

別室登校について

中学では別室登校が近年増えていると聞く。そのため、高校でも同じようにやってもらえると親子ともども思っている場合がある。しかし高校では欠課時数がカウントされるため、別室登校を続けても教室に入れなければ単位が認められず進級できない。そのため、本校では特別支援会議を開き、別室登校をするかどうかを決定する。別室登校から教室に行けるようになる道のりは厳しいため、まずは教室に行き、大変なときは保健室や別室にきて1

時間過ごしまた教室に戻るといった、あくまでも「教室がベース」となる考え方で今はやっている。

勉強でつまずき傷ついたU

私が学年主任をしていたときに、2年生までは皆勤だったのに、3年生になり欠席が急に増えてしまった生徒Uがいた。強豪部活に1年次は入っていたが、学業についていけず部活を辞め、苦手な科目の多い理系コースに進み、毎学期理科や数学は赤点をとっていた。それでも何とかクリアしながら3年まで進級した。数学教員である私も赤点の個別指導をしたことがあるが、前日にやったことを翌日には全く覚えていないこともあった。3年生になり少しずつ欠席が増え、2学期には車で送ってもらっても、車から降りられない状態が続いた。文化祭や体育祭など行事は登校できるため、学習における躓きの傷の深さを感じていた。それでいて、プライドが高く、なかなか志望校を下げられないでいた。母親や祖母がいつも車で送り迎えをしてくれるのだが、母親は「どうしたらいいでしょうか」といつも泣いていた。

母親からは「とにかく学習への不安が強いので、数学を個別に教えてほしい」と言われたので、十月末から放課後に数学の補習を行った。約束をした日は昼過ぎに遅刻をするものの頑張って来てくれていた。一度だけ休んだ日があるが、そのときはわざわざ翌日に電話を本人がかけてきて、「自分からお願いしているのに、行けなくて本当にすみません」などと言う。模試のあとには、「数学の点数が伸びてきました」などと報告してくれ、私に気を使っているのだろうかとも思った。U本人が本屋で選んできた問題集を使っているのだが「一からはじめる数学」みたいなタイトルの基礎の問題集をよく選んできたなと感心した。難関大学向けの問題集を買ってしまう生徒もいる中で、プライドにも邪魔されずに。それでも巻末にはセンター試験の過去問もあり、Uにとってはぴったりの問題集であると本当に思ったため「本屋でこれを見つけてくるのは、すごいね。私はこんな良い問題集があるなんて知らなかったよ」と褒めた。そんな中で、だんだん家の話や進路の話もしてくれるようになった。「僕のうちは過保護だと思うんですよね。男は僕しかいないから。家事もほとんどしたことないです」「お手伝いしないの?」「母も祖母もいるので」「でも大学で一人暮らししたら困るよね。ここが自立するチャンスかもよ。家を出たら?」「情報系に行きたいと言ったのは、母親に勧められたから。自分でもやりたいことが見つけられなかったから、それでいいとずっと思っていた。今自分がやりたいと思っているのは『脳科学』。今は学校にあまり行けていないので、母には言いにくい。自分がもっと学校に行けるようになったら、母に言いたい」「そうだね。それなら学校に来ないとね。お母さんに言えるといいね」と話した。一方母親にも、「不登校気味のお子さんの場合、本人がやりたいと言うことがあれば、もちろんできることとできないことはあるが、極力応援してほしい。ダメだとは言わずに」と伝えておいた。2週間ほど、遅刻を繰り返しながらも出席が増えてきたところで母親についに伝えたそうである。数学の補習が終わって階段を一緒に登りながら、彼がふいに「先生。お母さんに言いました。本当は脳科学をやりたいって」「お母さんは何て?」「やりたいことが見つかってよかったね、と言ってくれました」

Uの欠課時数はもう1／3を超えてしまうところまできており、3学期は1時間も休むことができない状態であったが、毎朝少し遅刻するものの登校でき、地元の私大に合格し卒業していった。実は合格が決まってからも、卒業式後も3月末まで、本人の要望で数学の個別指導は続いた。どれだけ勉強による傷つきが深かったのか、真面目な彼の勉強に対する不安の大きさを感じた。

2回目の3年生に挑戦するB

2年次に手術後の不調から、教室で吐いてしまったことがあり、また同じ状況になるかもという不安で教室に入れなくなったB。3年には進級したものの、欠席が増えてしまい原級留置となった。術後の体調不良が原因だったので、保健室や別室での対応をそれまでしてきたが、2回目の3年のスタート時には体調は回復していたため、別室対応は行わないことにした。体調不良になる前は、学力も高く一見世話好きな生徒に見えたが、自身の不安を消すために他の生徒の世話を焼いていたのかもしれない。物分かりがよく大人びた感じにもみえていた彼も、少し自分が優位に立てる誰かと関わることで安定を保っていたようにも思う。高卒認定試験には合格しており、もう一度3年生をやらなくても良いと思われたが、原級留置を希望し、2度目の3年生をやることになった。昨年度は行事に参加できないことも多かったため、行事をとても楽しみにしていた。やり残したことがあるという思いがあったのかもしれない。4月の最初のLHRでは、保健室から教室まで辿り着くのに時間がかかった。廊下で様子を伺いながら、自分の自己紹介のときだけ教室に一歩入り、「留年している○○です。よろしくお願いします」と意外といった。昨年度の後半は、役員決めのところから教室に入ってと堂々と声を出し、役員決めのところから教室に入っていった。昨年度の後半はほとんど別室で過ごしていたため、4月は教室に入るのはかなり大変で、廊下や階段で固まってしまうことも多かった。そんなときは、彼と一緒にいるときもあるし、声をかけて保健室に戻るときもある。あまり背中を押すようなことはせず、彼の中での葛藤を静かに見守っている。毎朝保健室にまず来て、少し気持ちを整えてから教室に向かうのが日課である。すぐに戻ってきてしまうこともあったが、文化祭にはどうしても参加したかったようで5月になると頑張って放課後までいる姿が多くなっていった。副担任である私は彼が何となく教室にいられるように、さり気なく声をかけたり、様子を見に行ったりしていた。文化祭の当日は欠席したが、準備にはクラスTシャツを着て参加した。また球技大会も出場はしなかったが、一緒に観客席で応援をした。意外にも大きな声で応援したり、試合の様子に一喜一憂する姿を見ていると「この場にいたくて、ここまで頑張ってきたのだろう」と思った。

担任として

昨年度は3年の特別進学コースの担任をしていたが、5月ぐらいから二人、9月からさらに一人が不登校傾向になり、その対応に追われた。まず、Cは部活の顧問に強く叱責されたことが原因で、朝は家を出るが近くの公園で時間をつぶし、両親が仕事に出かけた頃に自宅に戻るという生活をしていた。Cはクラスではお調子者のような存在でいつも明るく振る舞い、あまり弱みを見せたくないといった雰囲気があった。学校に行きたくないとは親に言えず、家は出るものの登校しない日々が続いた。そのうちに親とも連絡が取れ、登校していないことが発覚してからも、親には理由を言わずただ一人で思い悩み、親と顔を合わせるのも辛かったのか祖父母の家で寝泊まりするようになっていった。父親は「自分の問題だから自分で何とかしなければならない」と突き放していたようだが、本人がLINEで母には「顧問から無理難題を押し付けられ、できないと怒られるのがつらい」「友達に心配されるのも、相手は何もわかっていないのに……と逆に辛くなる。居場所がない」「将来は教員になりたかったが、こんな俺がなれるわけがない」「勉強が手につかない」と送ってきた。やっと理由がわかり、両親ともに顧問に対して当然のことながらお怒りであった。そこで、まず私が顧問と話をして、状況を確認し顧問も言い過ぎた発言だったことや「3年生のあるべき姿」を押し付けていたことを謝罪したいと申し出てくれた。そのため、まず電話で親に対して謝罪をし、本人には登校してから話す場を設けることにした。翌週も登校はできなかったが、放課後の面談には本人と母親がきてくれ、「一番辛かったのは、自分もできると思われているところ。早く見放してほしい……と思っていた」「顧問に謝罪してほしいわけではない。どうしていいかわからない」などと話してくれた。顧問に会うのは怖かったようだが、そんな気持ちも聴き取りながら何とか登校できるようになっていった。その後、彼は7月末で無事に部活を引退し、進路は大いに迷ったが「芸人になる」と言い出した。「人を笑顔にする仕事がしたい」がその理由であった。母親がまずは彼の選択に賛成してくれていたが、私からは「大学に行きながらでも目指せるよ。いろいろな経験がお笑いにも結び付くから」と話したが結局、進学はせずアルバイトをして自分でお金を貯めながら「お笑い」を目指すことになった。私は「特別進学コース」の担任として、彼がクラスに居づらいような雰囲気はつくりたくなかったが、どうしても受験の話ばかりになってしまい、彼には辛い思いをさせてしまった。2学期にも時々休むようなことがあり、父親にはこの夢を話せずにいたが、私に手紙で「お笑い芸人になりたかったのは、人ではなくて自分を笑わせたかったから」と語ってくれ、自分の思いをだんだん固めて父親にも話せるようになっていった。

マイペースなDの登校しぶり

Dはいつも遅刻ギリギリで、朝の課外授業(特進コースは出ることになっている)には3年になってからは出たことはなく、提出物もよく忘れてしまう生徒であった。家でもマイペースな性格で、食事は家族とはせずに、好きな物だけを取り分けて部屋で一人食べているらしい。父は仕事で帰りが遅く、祖母が食事などの身の回りの世話をしてくれていた。5月ぐらいから学校に来られなくなってしまい、夜は眠れず、朝は布団から出られない状態だった。原因はわからないが、集中できない、座っているのがしんどい、ずっと寝付けず疲れている、学校には行きたくないと訴えた。近くに住む母親から、電話で小学生のころから個別に支援を受けてきたこと、その頃は落ち着きがなく多動傾向があったこと、時間の逆算ができないため遅刻や提出物は出せないことが多いことなどを聞いた。父親からも電話で、3年生になってから週1、2日だった塾を5日にしたことが、マイペースな彼には負担だったかもしれない。提出物が出せないから周囲からヤバいやつと思われているのではないか、それを本人が気にしているのだろう。行きたい学部はあるが強い意志ではなく将来のビジョンを見失っている。友だちもいなくて、本人は居場所がないのではないか。などを聴き取った。しかし、仕事が忙しい父とはなかなか連絡が取れず、祖母では様子がわかりかねるため、母親から電話がありつながれたことは有難かった。1学期ですでに欠席が30日近くあったため、7月にスクールカウンセラーと母親、私で作戦会議を開いた。目標は「高校を卒業すること」に決め、彼にとって学校に行くことはストレスであるため、欠課などのスケジュール管理をしつつ、できないことがあっても「〇〇の方が得だよね」と励ましほめながらやっていくことになった。私にとっても、目標を「休まずに登校」ではなく「ギリギリ卒業」としたことが大きかった。

その後、家では両親と本人でフローチャートを使って今後どうしていきたいかを相談し、「大学進学したい」という気持ちを引き出し、本校を卒業することを目標にすることを確認し、付箋を使って「あと何日休めるか」という枚数分の「お助けカード」をつくってくれた。どうしても行けないときはこれを出して、休むのである。私からは、欠課時数をカウントしたものを定期的に本人に渡しながら、母親と主に連携をとっていった。両親ともに卒業できるかどうかをとても心配しており、管理職と話したいとの申し出があった。折り合いをつけるのに時間と体力がかかること、他人ができていることが自分にはできないことへの傷つきがあることなどから、学校を休むことは必要である、と臨床心理士に言われたことなどを母親から聞いて、「私も承知しています。体調をみながらやっていきましょう」と伝えた。その後、欠課時数などはギリギリであったが、何とか大学にも合格し、卒業していった。

ワクチン接種から休みがちになったE

9月から不登校傾向になったEの、きっかけはワクチン接種である。元々ひどい片頭痛もちであったが、副反応が本当に辛く体調をくずしてしまった。両親とも仕事に忙しく朝早くに出てしまうので、学校に行ったフリをして家にいることが増えていった。数日経ってから母親と連絡がとれ、学校に行っていないことを伝えると、非常に驚いていたが、本人とよく話をしてみますと言ってくれた。そして、1日好きなことをしたら?と提案してくれ、受験勉強のために我慢していた好きなゲームをずっとやっていたようである。学校に行けない理由は「人の目が怖い」「情報系に進学したいと思ってきたが、やりたいことがわからなくなった」など、前から悩んでいたことが、体調の悪化とともに、強まってしまったようだ。欠席は相変わらずあるものの、親に無断で休むことはなくなり、本人と母親がそれぞれスクールカウンセラーと面談を行った。母親は仕事が大変な状況もあり、この面談で母親自身の辛い気持ちを聴き取ってもらえたことが良かったようだ。Dと同様に欠課時数を気にしながらも、何とか卒業までつなげることができた。DもEも母親と情報を共有しつつ、目標は無理をさせず「ギリギリの卒業」としたことが良かったのかもしれない。

最後に

不登校の原因は教師が考えるものと、生徒児童が考えるものとでは大きなズレがあるという調査を目にした。教師は「無気力」と考えているようだが、生徒児童は「教師の言動」が多いというものである。学校の中に、教師の対応も含めて生徒が学校に行きたくない原因があるのだ。「進学校」の中には、生徒を競い合わせるような仕組みがいくつもある。「親も本人も偏差値の高い大学への進学を望んでいる」という思い込みもある。特進クラスでも、本当の願いは何なのかを見失わないようにしたい。

夏休みなど長期休暇の終わりに、相談室から全校生徒に向けてストレスチェックのメールを送っている。「新学期が始まるにあたり、不安なこと、困ったことなど、誰かに話を聞いてもらいたいときは、相談してください。新学期、みなさんに会えるのを楽しみにしています」と。

（はやかわ　けいこ）

特集2 「不登校」から生きづらい社会を問い直す

研究論文①

「居られる場」としての学校の可能性

岐阜大学地域科学部 南出吉祥

不登校の現状

しばらくの間、横ばいを続けていた不登校児童生徒数が、この10年ほどは増加の一途をたどっており、関係者の間で注目を集めている。コロナ禍の影響による増加も大きいが、それ以前から生じている傾向である。一方、小中学校の不登校生徒数増加に対し、高校の不登校生徒数は横ばいが続いている（図1）。その数字だけを見ると、高校における不登校はあまり表面化していないように思われるが、通信制高校の年度間入学者数（年度途中の編入も含む）は増加の一途をたどっており（図2）、そこが受け皿になっていることがうかがえる。

この間の不登校生徒数の増加の要因は、さまざまな観点からの検討が必要となるが、各種不登校支援の施策が拡がったことの影響も少なくない。２０１６年には教育機会確保法が制定され、不登校支援の充実や学校外の場の活用・連携、「休息の必要性」などが明示された。この法律の制定をめぐって、不登校支援の現場レベルでも、立場を二分するような論争が展開されていたが[(1)]、最終的には不登校支援を充実させていくということで落ち着いた。

図1　不登校生徒数の推移

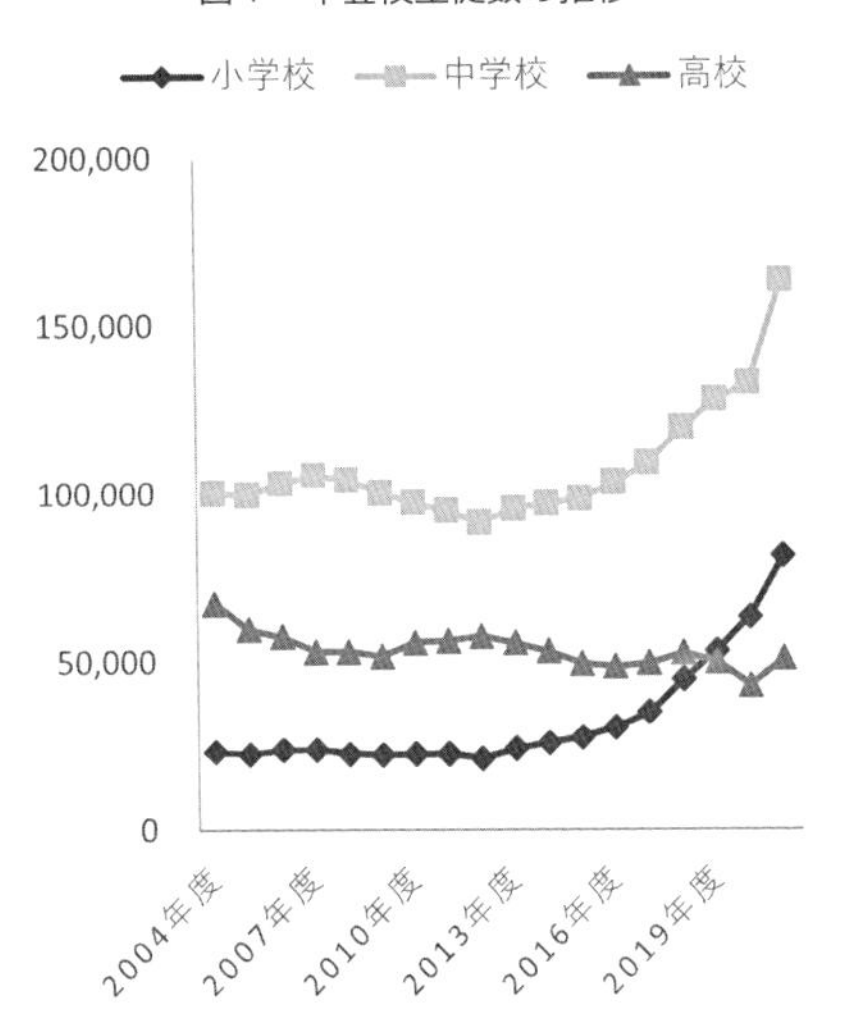

文部科学省「児童生徒の問題行動・不登校等生徒指導上の諸課題に関する調査」より作成

図2　通信制高校入学者数推移

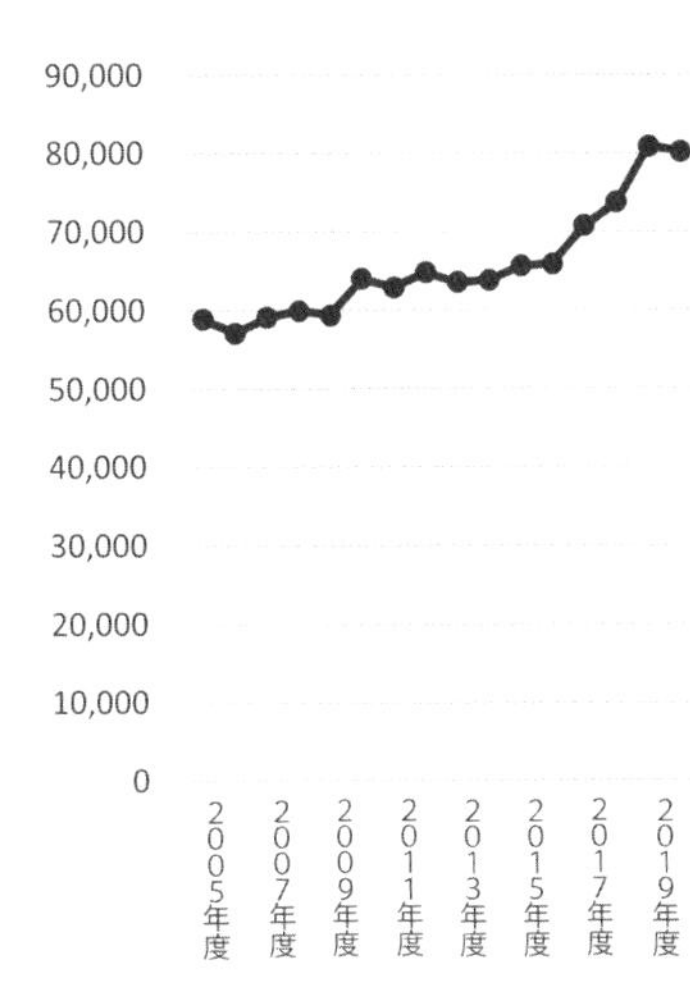

文部科学省「学校基本調査」より作成
（年度途中の入学者も含む）

この法律により、不登校特例校の設置やフリースクールと学校の連携なども進み、以前よりは支援体制も整いつつある。不登校生徒数の増加を危惧する声も大きい一方、「ようやく休めるようになった」いう見方もあり、単純な評価はできない。ただ、この間広がっているのはあくまで不登校になってしまった後のフォロー体制であり、そもそも不登校にならずに済むような学校づくりがどの程度進んでいるのかというと、いささか心許ない。

高校における不登校

上記のように、ここ10年ほどは不登校問題への注目が集まり、さまざまな施策が展開されてきたが、それらの多くは市町村教育委員会レベルでの施策であり、小中学校での不登校に対するものとなっている。その一方で、高校での不登校については、実践的にも研究的にもあまり注目されてこなかった。高校中退の問題については、その実態やその後の経緯などについて調査も進められつつあるが[2]、その前段階で生じている不登校状態については検証されていない。また、通信制高校をはじめとして、小中学校での不登校経験者や高校中退者を受け入れる学校の設置は進められているが、高校在籍段階での不登校に対する支援は、ほとんど手付かずの状態となっている。都道府県が高校生向けの教育支援センターを設置している場合もあるが、県内に一カ所あるだけでは、実質的な機能は望みづらい。また、生徒の居住地も広域にまたがるため、地域の支援団体などとの連携もあまり進んでいないのが実情である。

そもそも義務教育である小中学校とは違い、高校では単位取得のハードルがあり、授業に出られない日数が増えていくと留年となる。留年になれば、ますます学校に通うことが難しくなり、他の学校への転学や中退という選択肢を余儀なくされる。そうした事情があるため、小中学校での不登校支援とはまた違った対応が求められてくるが、現状では個々の現場での奮闘に任されている。

そして高校の場合、学科や課程、公立・私立、入試による選別などにより、同じ「高校」でありながらも実情が大きく異なる。通信制高校は、スクーリングを除いて「通学」を前提としていないため、そもそも不登校の調査対象から外されているが、スクーリングやサポート校への通学もできないまま、実質的に不登校状態となっている生徒も少なくない。定時制高校では、中学で不登校だった生徒が入学してくる割合も高く、高校入学後もなかなか学校に通うことができない生徒も多い。中学段階では、どの学校にも万遍なく存在していた不登校生徒が、高校段階では一部の学校に集中することになり、高校教育全体の課題として共有されづらいという特質がある。

不登校の何が問題になるのか

不登校は、学校に通っていないこと自体が「問題」なのではなく、不登校に伴い生じてくるさまざまな不利益が、当の子どもの育ちと学びを損ねてしまうことが問題となる。文部科学省の調査も、2015年度までは「児童生徒の問題行動等生徒指導上の諸問題」の中に不登校を含めていたが、2016年度からは「児童生徒の問題行動・不登校等生徒指導上の諸課題」とし、「問題行動」と「不登校」を分けて表示するようになっている。

では、学校に通っていないことに伴う不利益とは何か。学校教育の本来の目的である教育・学習の機会が奪われてしまうという「学習疎外」(学習権の侵害)が筆頭に挙げられるが、通信制課程の存在やコロナ禍で広まったオンライン授業など、そもそも学習権保障は「通学」に縛られるものではない。学校に通い、授業に出ていることがそのまま「学習権保障」になるわけではないし、学校外で相応の学習機会を得られている場合もあり、不登校＝学習疎外としてしまうのは早計である。同じような意味で、学校教育で得られるはずだった各種体験活動や同級生との交流の機会を失ってしまうという「経験疎外」についても、学校外で得られている場合もあるため、個々の実情に即してみていく必要がある。

そうした学校外での代替可能性がある課題とは異なり、より直接的に不登校と結びついた課題としてあるのが、不登校状態になってしまった当事者の多くが経験する「学校に通えない」ことに対する自責の念である。多くの子どもにとって、「学校に通うこと」は何か理由を必要とするものではなく、考える機会もない「あたりまえ」の日常としてある。それは不登校になってしまった子どもにとっても同様であり、かつてあたりまえのように行けていた学校に通えなくなることは、当の本人自身が戸惑い、受け入れきれない状態になっている場合も少なくない。しかし、学校に行けないことで勉強に遅れが出たり、友人関係がうまくいかなくなってしまうことを懸念して、親や教師はどうにか「学校に行けるように」と奮闘する。そんな親や教師の言動に応えようとすればするほど、「学校に行かなきゃいけないのに行けない」という、精神と身体とのギャップ・ズレが本人のなかで生じ、ますます状況を悪化させるという悪循環が発生してしまう。それゆえ、不登校支援の現場では、学習や経験の保障よりもまず、そうした自責の念を払拭していくことが第一の優先課題として据えられている。

また、学校規範による自責だけでなく、周囲の他者との比較による自責も大きい。不登校の数が増え続けているとはいっても、中学校で5・76％（2021年）であり、圧倒的な少数派であることには変わりない。「周りのみんなは学校に通っているのに、自分だけ行けていない」という孤立・疎外感と、それができていない自分自身に対する否定的なまなざしは、まさに今不登校状態にあるときの苦しさであるとともに、「その後」にも影響を及ぼし続ける深い傷となってしまう。これは、親や教師が理解を示し、学校規範を一定程度相対化することができていたとしても残り続ける課題であり、それを払拭していくためには「もう一つの活動の場と仲間」が不可欠となる。また、こうした孤立・疎外感が生じてくる背景には、「同じである」ことが良いこととされ、異質な存在であることが排除の対象とされてしまう学校・社会の風潮による部分も大きい。「多様性尊重」がスローガンとしては唱えられていながらも、頭髪・服装指導や集団行動の規範などにより、実態としては「和を乱すな」という規範が醸成され、結果として異質排除が展開されてしまう。その風潮そのものに風穴を開けていく実践もまた、現場に求められてくる課題である。

別の課題の「窓」としての不登校

そして、不登校は「不登校状態にある生徒」にとっての問題だけではないという点も重要である。上記の「異質排除の風潮」などもその一例となるが、本来は別物としてある問題が、不登校という現象を介して表面化してくるという構図である。

その端的な例が、貧困や虐待など、家庭の養育環境がうまく機能していない場合に生じてくる不登校である。学校に通うことは、子ども自身の意思と行動によるものだと思われがちだが、家庭の支えがあって可能になっている部分も多い。朝起きて学校に行くためには、安心して眠れるかどうか、朝起こしてくれるかどうか、「学校に遅れるよ」と促してくれるかどうかなど、細かな部分で家庭の関与が働いている。また、不登校の要因の一つに挙げられるいじめなど友人関係の問題は、家庭の生活環境や経済事情に左右される部分も少なくない。こうした家庭の問題に起因する不登校の場合、「学校に通えているかどうか」というのはあくまで現象の一端に過ぎず、学校に通えるようになれば解決、とはならない。

また、発達障害や精神疾患などの特性により、学校に通うことが難しくなる場合もある。近年では、特別支援教育の体制もある程度整備され、発達障害についての認知や支援は広まりつつあるが、特性はあっても診断は下りないグレーゾーンや、親の理解が得られず未受診状態にあるなど、特別支援の対象にならずに苦しんでいる子もいる。また精神疾患については、そもそも周囲の理解が得られず「怠け」と見做されやすいという問題がある。うつ病や起立性調節障害などは、無気力や倦怠感などがその症状として現れるが、朝は動けないのに昼からは元気になるなど状態にも波があるため、精神疾患だとは気づかれないまま、叱咤され放置されることも多い。

「苦登校」状態にある子どもたち

そして、不登校という「窓」により可視化されてくる課題のうち、教師が何よりも注意を向ける必要があるのが、学校という場に内在する諸課題である。教育機会確保法をめぐる論点の一つが、学校外の支援体制の整備ばかりに注目がいくことで、そもそも生徒を不登校へと追いやっていく学校環境の整備が疎かになってしまうのではないかという懸念であった。不登校に限らず、社会からの排除問題全般において、「排除される側への支援」だけでなく、「排除する社会の側の改善」もまた重要な実践課題となるが、被排除者が少数のうちは、「支援」という名の個別対処にとどまりがちになる。生活困窮者支援や若者支援は、「穴の開いたバケツからこぼれてくる水を掬い上げ続ける仕事」と称されたりもするが、穴そのものを塞いでいく取り組みも不可欠な課題である。

そうした構造的な問題を不登校に当てはめて考えてみると、不登校へと追いやられていく学校教育の「穴」で苦しんでいる生徒は、現に今学校へ通えなくなっている不登校当事者だけでなく、毎日学校に通ってきている生徒のなかにも相当数いるという事実である。

日本財団が2018年に実施した「不登校傾向にある子どもの実態調査」では、不登校状態にはなっていないものの、同様な傾向のある生徒は不登校の子の3倍ほど（生徒全体の10・2％）になるという結果が出されている。このことは、不登校関係者の間では周知の事実として知られていたことで、「苦しさを抱えながらも学校に通っている状態」を指す「苦登校」という呼称が用いられてきた。実際に学校に行けなくなると、親も教師もなんらかの対応が迫られるため、そこから「問題」が明るみになることもあるが、どうにかして学校に「通えてしまっている」状態だと、問題は可視化されないままただ「耐える」だけの学校生活が続いてしまう。それゆえ、不登校になることでようやく「問題」から離れることが可能になるのに対し、苦登校状態にある子どもは不登校の子以上の苦しみの渦中にある、という指摘である。

その問題の内実は、上述の「異質排除の風潮」をはじめ、学校秩序を維持するための規律・管理の圧力、努力し頑張ることが是とされ、休むことが「悪」とされるまなざしなど、けっして一括りにはできない多様性があるが[(3)]、不登校問題を「特別支援」の枠組みだけで捉えるのではなく、学校づくり・学級づくり全体の課題として位置づけていくことが求められてくる。

不登校経験のある生徒への対応

以上のことを踏まえた上で、あらためて高校で不登校状態にある生徒へどのような対応をしていったらいいのかを考えてみたい。既に述べたように、高校での不登校生徒に対する実践に焦点を当てた調査研究はほとんど未着手の状態にあるが、定時制高校や通信制高校、不登校生徒を受け入れる学校など、不登校経験者が多数いる学校でどのような実践が展開されているかを追いかけた調査研究は少しずつ積み重ねられている。

教育困難校における実践をまとめた川俣・保坂は、「登校を支える」「学習を支える」「移行を支える」という三つの次元に分節化して実践の特徴を整理している。[4] 通常の学校では、「学校に来る」ことは自明の前提とされ、そこから実践がスタートすると捉えられるのに対し、教育困難校では何よりもまず「学校に来る」こと自体が重要な実践課題となる。[5] そして、学習支援も「学力保障」ではなく「学習に向き合う」ことが課題となり、過去の否定的な学習観を乗り越えていくことが求められるとしている。[6] さらに移行支援は、進学や就職といった卒業後進路だけでなく、学外の支援機関や新たなコミュニティに属することも含めた所属先の確保が目指される。

不登校経験者を受け入れている高校での実践を観察・分析した神崎は、不登校経験者が学校に馴染んでいくために必要な機能として、「場のデザイン」「『居ること』を支える」「『向きあうこと』を支える」という三点を指摘している。[7] 不登校受け入れ高校では、職員室や図書室、保健室など、生徒が溜まれる場が教室外にも複数あり、生徒各自が自分なりの居場所を持てるようになっている。そして学校に来た際は、直接教室に向かうのではなく、いったん職員室のノートに記載するという行程を挟むことや、オープンスペースを経由するしかけをつくることで、教師やボランティアなどが生徒と接する機会を意図的に空間配置していることが記されている。

時間的な発達保障から空間的な居場所保障へ

こうした困難校での実践から浮かび上がってくる特質は、「生徒が居られる場」としての学校空間の創出である。

教育機関としての学校は、その主目的が発達の保障であり、過去から未来へと向かう時間的な観点が主導的になる。そのことが、先へ先へと追い立てていく圧力となり、そこについていけない生徒を追い込んでいく。そんな学校教育のあり方に対し、「今・ここ」の学校生活をそのままに保障しようとするのが、困難校に見られる諸実践であり、「居られる場」としての学校づくりである。[8]

この「場づくり」は、地域づくりやユースワークなどで実践的な探求が続けられているが、[9] 学校現場では、生活指導実践が探求し続けてきた営為と多くの点で重なってくる。「今・ここ」の生活を保障していくことが、翻って生徒の将来へと結びついていくという生活指導実践は、不登校支援においても重要な役割を果たしうる。すでに記したとおり、高校での不登校支援はまだ明示的な実践課題として焦点化されていないが、本特集を契機として、今後いっそう探求が進められていくことを願う。

【注】

(1)「特集　法制化で問われる『多様な学び保障』」『教育』2016年4月号。

(2)青砥恭『ドキュメント高校中退』ちくま新書、2012年、内閣府「若者の意識に関する調査（高等学校中途退学者の意識に関する調査）報告書」2011年、国立教育政策研究所『高校中退調査』報告書」2018年など。

(3)「不登校傾向にある子どもの実態調査」では、「学校に行きたくない理由」として、「疲れる」「朝起きられない」といった身体的理由のほか、「授業がよく分からない」といった学業にかかわる理由が多く挙げられていた。

(4)川俣智路・保坂亨「解題」小野善郎・保坂亨『移行支援としての高校教育』福村出版、2012年。

(5)生徒が学校に馴染んでいくために、徹底して「生徒の側に立つ」教師の振る舞いとその想いを記述した佐川宏迪『定時制高校の教育社会学』勁草書房、2022年も参照。

(6)学習支援それ自体が生徒の学校生活を支える機能を有しているという点について、通信制高校での実践をもとに描き出した土岐玲奈『高等学校における〈学習ケア〉の学校臨床学的考察』福村出版、2019年も参照。そこでは、「学習のケア」（学習内容理解促進）だけでなく、生徒自身を支えるための「ケアとしての学習」が機能している。

(7)神崎真実『不登校経験者受け入れ高校のエスノグラフィー』ナカニシヤ出版、2021年。

(8)高校内に支援者やボランティアを受け入れ、学校秩序とは異なる空間をつくりだしていく「学校内居場所カフェ」の実践なども、その格好の事例である。居場所カフェ立ち上げプロジェクト『学校に居場所カフェをつくろう！』明石書店、2019年。

(9)若者支援とユースワーク研究会『若者支援の場をつくる』Amazon Kindle、2019年、平塚眞樹編『ユースワークとしての若者支援』大月書店、近刊。

特集2　「不登校」から生きづらい社会を問い直す

研究論文②

高等学校における不登校支援と実践課題
—コロナ時代の生きづらさのなかで—

立命館大学大学院　春日井敏之

1　コロナ時代と子どもたちの学校生活

コロナ時代が3年を経過するなかで、現在の小学3年生、中学3年生、高校3年生は、卒業式も入学式もなく、その影響を3年間受け続けてきた学年である。学校行事、部活動、校外学習などは中止、縮小となることが多く、集団での体験的な学びと交流、文化創造の機会、ロールモデルとなる先輩たちからの継承の機会にも恵まれなかった。コロナ時代以前と比して、どれだけ体験の機会が失われてきたことか、そのダメージは計り知れない。なかでも、人間関係やコミュニケーションが苦手な子どもにとっては、新しい学校生活のスタートから出鼻をくじかれたような状況が続いた（春日井、2022）。

その影響は、感染が収まらないなかで、対面での授業が本格的に始まった学校生活において顕著にみられる。この間筆者も、神戸市、宝塚市、大津市等でいじめ問題の調査委員、再調査委員としてかかわり、その後も検証委員として学校現場を訪問する機会等が多くあった。また、毎月5か所で、小中高校の教職員とケース会議を開催し、不登校の事例検討等も行ってきた。このようななかでも、「コロナの影響などを受けて不登校が増えた」「がまんを強いられる生活のなかであきらめやすくなった」「マスク生活で言葉と感情が出てこなくなった」「小学校でもリストカットが起きている」「よく転んで保健室に来るようになった」「人間関係と身体の不調を訴え、保健室への来所者が2倍になった」「黙食のため自分の食べるときの音が気になって教室では食べられない生徒がいる」「別室登校を希望する子ども、逆に落ち着きがなく別室にせざるを得ない子どもも増えた」といった学校現場からの声をよく聞くようになった。

2　高等学校における不登校の捉え方の課題

文部省(旧)は、1992年の学校不適応対策調査研究協力者会議報告「登校拒否（不登校）問題について」のなかで、個人や家庭の課題に視点を置いてきた不登校の捉え方を転換し、「どの子どもにも起こりうる」と初めて明示した。その後30年を経た2022年の不登校に関する調査研究協力者会議報告書「今後の不登校児童生徒への学習機会と支援の在り方について」では、「児童生徒理解と支援シート」の活用による継続的な支援に加えて、「アウトリーチ型支援やICTを活用した学習・体験活動、相談支援等を一括して行う『不登校児童生徒支援センター』の設置促進」等の体制強化が提言されている。

高等学校の不登校は、欠課時数の超過による原級留置、中途退学、進路変更等の課題として対応されることが多い。そこに至るまでの不登校への理解と支援という視点からの実践報告は、研究会等でも小中学校に比して少ない。1998年以降は、「不登校」(年間30日以上欠席)として、文部省（旧）による学校基本調査が行われ、現在は文部科学省による「児童生徒の問題行動・不登校等生徒指導上の諸課題に関する調査」に至っている。しかし、高等学校の不登校が調査対象となったのは、2004年からであり、1966年に「学校ぎらい」として始まった小中学校の調査開始からは38年間の遅れがある。ここにも、教育行政、学校現場の高等学校の不登校に対する教育課題としての捉え方の弱さがある。

どう支援したらよいのか悩みながら生徒と向き合っている学校現場からも、「高校は授業に出ないとどうしようもない」「義務教育ではない制度のなかでどうしたらいいのか」といった声を聞くことも多い。とりわけ、「進学校」として大学への進学実績を挙げることを重視しているような高等学校においては、不登校の生徒は手間のかかる存在として映る。欠課時数の蓄積を経て、粛々と留年や中途退学、進路変更等を選択してもらう対象であったりすることも少なくない。そうした学校の対応は、不登校生徒のなかに「切り捨てられた」といった疎外感や自己否定感を生んでいることもある。他方では、不登校生徒を受け入れている定時制課程、単位制課程等では、生徒の現状と興味関心を踏まえた柔軟な教育課程の工夫がなされているところもみられる。

文部科学省（２０１９）は、「不登校児童生徒への支援の在り方について（通知）」のなかで、「ＩＣＴを活用した学習支援」について言及している。コロナ時代のなかでオンライン授業が普及してきたこともあり、不登校の回復段階に応じた一つの支援として、オンライン授業の活用も学校現場の課題となっている。

3　コロナ時代の問題行動と不登校の増加

文部科学省（２０２２）の「令和３年度児童生徒の問題行動・不登校等生徒指導上の諸課題に関する調査結果について」における小中学校、高等学校、特別支援学校の問題行動について確認しておきたい。小中学校、高等学校及び特別支援学校におけるいじめの認知件数は６１５、３５１件（前年度５１７、１６３件）であり、前年度から９８、１８８件（19・０％）増加した。また、小中学校、高等学校における暴力行為の発生件数は７６、４４１件（前年度６６、２０１件）であり、前年度から１０、２４０件（15・５％）増加した。さらに、課題である小中学校における不登校の児童生徒数は２４４、９４０人（前年度１９６、１２７人）であり、前年度から４８、８１３人（24・９％）と大幅に増加した。９年連続の増加となっており、不登校児童生徒の55・０％が90日以上の欠席と長期化している。

一方、高等学校における不登校生徒数は５０、９８５人（前年度４３、０５１人）であり、前年度から７、９３４人（18・５％）と増加し、不登校生徒の17・６％が90日以上欠席している。加えて、高等学校における中途退学者数は３８、９２８人（前年度３４、９６５人）であり、前年度から３、９６３人（11・３％）と８年ぶりの増加となった。なお、高等学校における不登校生徒５０、９８５人のうち中途退学・原級留置になった生徒数は計１１、９４６人（23・４％）であった。さらに、５０、９８５人の内、定時制課程に所属する者は１２、５５３人（24・６％）であり、全日制課程と定時制課程を含めて単位制課程に所属する者は17，420人（34・2％）にのぼっている。

これらの調査結果は、コロナ時代における学校生活の再開のなかで、子どもたちが問題事象を通してSOSを出してきていると受けとめていく必要がある。子どもどうしのかかわりを通した楽しくわくわくするような体験や葛藤、失敗等の経験をお互いの成長につなげていくための指導、支援、ケアが重要となっている。

4 「教育機会確保法」と不登校支援の転換

2016年には、「義務教育の段階における普通教育に相当する教育の機会の確保等に関する法律」（「教育機会確保法」）が制定された。ここでは、学校現場だけではなく、フリースクールなど民間の不登校支援施設や公立の教育支援センター（適応指導教室）など、既存の学校以外の場での教育機会の確保と財政支援を国や地方自治体の責務としている。文部科学省（2019）は、「不登校児童生徒への支援の在り方について（通知）」の冒頭で、「不登校児童生徒への支援は、『学校に登校する』という結果のみを目標にするのではなく、児童生徒が自らの進路を主体的に捉えて、社会的に自立することを目指す必要があること」と明示し、学校への復帰を前提としない旨、通知を出している。

「教育機会確保法」の制定過程では、二つの議論が展開された。一つには、学校に馴染めない子どもにとって、本人のペースに沿った教育機会や馴染みやすい規模の居場所が、既存の学校以外に広がるのであれば、子どもにとっては選択の幅が広がってよいのではないかという見解。二つには、これまで不登校の子どもたちが、登校拒否によって学校のあり方を問い直し、保護者や支援者も既存の学校改革を訴えてきた経過に背を向けて、馴染めない子どもは学校以外の選択をというのは、公教育として無責任ではないのかという見解である。

実際、フリースクールなどの民間の支援施設の利用には高額な費用も発生し、この点に関する「義務教育の無償化」「高校授業料の実質無償化」に準じた国や地方自治体の補助は、なかなか進展していない状況がある。貧困・教育格差の二極化が進行するなかで、「優秀層」と「困難層」の両方から既存の学校教育への期待が損なわれるような事態が生じていくことが危惧される。不登校増加の背景には、こうした要因も含まれているのではないか。

5　子どもの生きづらさと単位制の取り組み

(1)　子どもたちのこれまでの生きづらさへの理解と支援

子どもたちのこれまでの生きづらさに加えて、コロナ時代における生活、人間関係の変化が、いじめ、不登校、暴力行為の増加に大きく影響している。たとえば、保護者のリモートワークが増えたり、逆に失業や勤務時間の短縮等による不本意な在宅が増え、結果的に子どもと一緒の在宅時間が増えた。DVを含めて虐待環境にある子どもにとっては、よりリスクが高まっていった。

こうした子どもにとって、家庭は充電できる安心・安全な居場所にはなりにくい。これまでは、学校での友人関係や教職員との関係のなかで一定の充電をしながら凌いでいた生活が、コロナ感染拡大によって損なわれていった。いじめ、不登校、暴力行為は、子どもから大人へのSOSであり、子どもの生活環境、親子関係、友人関係、教職員との関係等への理解を踏まえたアセスメント（見立て）とプランニング（取り組み）が重要である。このために、子どもに対する威圧的、操作的、暴力的な言動ではなく、対話的、共感的な姿勢とかかわりが保護者、教職員に求められている。

(2)　単位制課程における取り組みに学ぶ

高等学校においては、単位制課程、定時制課程等に不登校生徒が所属している割合が高く、ここでの不登校の理解と支援に関する実践に学ぶ必要がある。筆者は、2005年以降現在まで毎月1回、滋賀県の近江兄弟社高等学校単位制課程のケース会議（事例検討会）にスーパーバイザーとして参画してきた。単位制課程は、1学年2クラスで総計250名程からなるが、生徒の90％は小中学校での不登校経験者であり、発達特性のある生徒も少なくない。ここでの取り組みについて紹介しておく（春日井・近江兄弟社高等学校単位制課程、2013）。

①担任、副担任に加えて、生徒が話しやすい教師を指名する第3の担任としてのパーソナルチューターの存在、②スーパーバイザーやスクールカウンセラー（SC）等と共に、毎月1回全員参加で行うケース会議の開催、③学校、家庭と専門機関等をつなげ、ケース会議に参画する専任のスクールソーシャルワーカー（SSW）の存在、④昼休み、放課後等の居場所、交流の場としての生徒ホールの設置、⑤生徒ホールの支援スタッフとしての大学生による

ラーニングアシスタントの存在、⑥登校できるが教室に入りづらい生徒のための自習室の設置、⑦教室での通常授業に入りにくい生徒のための放課後の探究型、体験型のハイブリッドカリキュラムの工夫、⑧SCの複数配置による単位制と学年制の支援強化、⑨保護者による校内での「親の会」の設置と交流会の開催、⑩生徒会、学校行事、部活動等については、単位制も学年制も一緒に活動していく体制、⑪大学推薦制度については、単位制も学年制も同様の枠としてチャレンジできる制度等をあげることができる。

こうした取り組みの結果、生徒たちの多くは学校生活のなかで同じような経験をもつ友人と心を通わせ、自分の不登校経験を意味づけながら徐々に元気になって進路を開拓している。

6 高等学校における不登校支援と実践課題

ここでは、筆者がケース会議等に参加するなかで、特に高等学校の不登校事案のなかから見えてくる支援課題について言及しておきたい。

一つには、保護者のためではなく、思春期・青年期における生き方や進路選択の自己決定を模索する不登校である。保護者に反発したり、自室にこもって対話を拒否したりすることもみられる。生徒には「一休みしたら、これからは自分のために頑張ったらいいよ」と伝え、保護者には「自己主張ができるようになった姿は見事な成長じゃないですか」と伝えていくなかで、自分の目標に向かって生徒が動き出すこともある。不登校の生徒は、様々な人々の世話になっていることも自覚している。そのことから、「やりたいことを通して、誰かを助けるような仕事がしたい」と対人援助職を志向するような生徒も多い。

二つには、授業の内容、テンポにうまく乗れず、課題の提出等が思うようにできず、学力的な課題を抱える不登校である。学年では、夏休み明けの課題提出等については、柔軟な対応をすることもあるが、なかなか事態は動かないことも多い。学校の学びのシステムやテンポが、その生徒に馴染めなかったこと。そのために学校への不適応ではなく不適合といったことが背景にあり、担任、主任等は学校変革へのジレンマを抱えながら、生徒にあった進路変更を支援することになっていく。授業の欠課時数について、医師の診断書やケース会議での検討を受けて、欠課時数の延長申請が制度化されている学校もある。

三つには、発達特性があり、人間関係、コミュニケーションがうまくとれずに、友人関係でトラブルを起こしてしまった結果としての不登校である。こだわり等が強いために、お互いに謝って関係を修復していくことが難しい場合もあり、逆に相手が不登校になってしまうようなこともある。時には、保護者の意向で子どもを登校させずに、学校や相手側の責任を問うといったことも起こり得る。時系列をたどって、事実と感情を可視化し、トラブルの背景にある双方のズレを一つずつ修復していくことが重要となる。関係修復には、「和解する」「心理的、物理的に距離を取る」「関係を解消する」という選択肢を提示していく必要がある。

四つには、学級や部活動等での教師の威圧的、操作的、暴力的な言動や体罰によって、生徒の人権が侵害され、人格が深く傷つけられた結果としての不登校である。直接ではなく間接的に友人等が教師からの暴力的な言動を受けている場面に居合わせた場合にも、感性豊かで繊細な生徒が、「先生が怖い、学校に来るのが怖い」と大きなダメージを受けることもある。教師による生徒へのハラスメント、暴力行為として法的責任が発生し、就業規則、懲戒規程等による処分の対象にもなっていく。教育行政、学校として、事態の重大性を認識し、生徒と保護者に謝罪をして、当該教員と生徒との関わり場面を避ける措置だけではなく、同じことを繰り返さない全体の取り組みにしていく必要がある。

五つには、様々な態様の不登校の結果、原級留置、中途退学、進路変更等を検討せざるを得なくなった不登校である。担任、学年主任等は、生徒との面談によって選択肢を提示しながら相談に乗り、生徒の自己決定を尊重していくことが重要である。たとえば、中途退学して、単位制課程等を目指す場合もあれば、その先は未定という結論もあり得る。その選択を受けて、保護者には子どもの自己決定への応援をお願いしていく。「自己決定＋大人の応援」には、二つの意味がある。すなわち、複数の単位制課程の学校訪問に一緒に行くなど、自己決定のプロセスに寄り添い応援する。そして、子どもが自己決定した結果の成否にかかわらず応援し続けていくことである。「ここはあなたの母校であることに変わりはないから、相談があったらいつでもおいでよ」という一言も添えてほしい。

7　不登校の子どもと教職員、保護者のずれを埋めていく

文部科学省の不登校に関する調査研究協力者会議（2021）が実施した「令和2年度不登校児童生徒の実態調査」の結果と文部科学省（2021）の「令和2年度児童生徒の問題行動・不登校等生徒指導上の諸課題に関する調査」の結果を比較したときに、興味深いずれが生じている。たとえば、後者の調査における「不登校の要因について」に関する学校・教職員の認識は、無気力・不安（46・9%）が最も高く、生活リズムの乱れ・非行（12%）、友人関係（10・6%）、親子のかかわり方（8・9%）、学業不振（5・4%）と続く。教職員との関係（1・2%）、いじめ（0・2%）は最も少ない。

これに比して、小学6年生と中学2年生約2000名とその保護者約2000名を対象とした前者の調査では、「学校に行きづらいと感じ始めたきっかけ」（複数回答）について、先生のこと（小学生30%、中学生28%）、友だちのこと（小学生25%、中学生26%）、身体の不調（小学生27%、中学生33%）という結果が出ている。「最初のきっかけとは別の学校に行きづらくなる理由」（複数回答）についても、「勉強が分からない」（小学生31%、中学生42%）が最も高かった。さらに、「学校を休んでいる間の気持ち」については、ほっとした・楽な気持ちだった（小学生70%、中学生69%）、自由な時間が増えてうれしかった（小学生66%、中学生66%）という結果であった。保護者から回答を得た「欠席時の子どもの状況」（複数回答）では、約半数に「極度に落ち込んだり悩んだりしていた」「原因がはっきりしない腹痛、頭痛、発熱などがあった」などが見られた。

調査の方法が異なるため、単純な比較はできないという点は前提としつつも、不登校の子どもと学校・教職員、子どもと保護者の認識には、かなりのずれがあることが推察される結果となった。このずれを埋めていく姿勢と取り組みが、学校・教職員、保護者に求められている。

（かすがい　としゆき）

文献

・春日井敏之（2022）「コロナ時代と子どもの生活、学校の役割—あたりまえだけど大切なこと—」日本作文の会編『やっぱり学校っていいな—コロナ禍の2年・子どもたちの生活と表現—』本の泉社
・春日井敏之・近江兄弟社高等学校単位制課程編（2013）『出会いなおしの教育—不登校をともに生きる—』ミネルヴァ書房

連載　高校教育最新事情

「高校の魅力化・特色化」政策で高校教育の差別的再編が加速化する

名古屋大学　石井拓児

中教審「令和の日本型学校教育」答申のどこが問題か

2021年4月22日に出された中央教育審議会の答申『令和の日本型学校教育』の構築を目指して―全ての子供たちの可能性を引き出す、個別最適な学びと、協働的な学びの実現―」は、新型コロナ感染拡大という社会的危機を理由に引き出しながら、①こうした「予測困難な時代」を生きていくために、②目の前の事象から解決すべき課題を見出し、主体的に考え、多様な立場の者が協働的に議論し、納得解を生み出すことが大事であり、そのためには、③「正に学習指導要領で育成を目指す資質・能力が一層強く求められている」との結論を示している。①から③に至る論理展開の強引さには、もはや開いた口を塞ぐこともできない。問題点を三点指摘しておこう。

まず、第一に、本答申が「日本型学校教育」というような、何とも意味のわからない、きわめて非科学的な概念を持ちだしていることにある。こうしたあいまいな概念を用いていることの問題点は、このことによって、現在の学校がかかえている問題点の本質を見えなくさせてしまうことにある。

例えば次のような記述について、みなさんはどのように考えるであろうか。

現在の学校現場は以下に挙げるような様々な課題に直面している。日本型学校教育が、世界に誇るべき成果を挙げてくることができたのは、子供たちの学びに対する意欲や関心、学習習慣等によるものだけでなく、子供のためであればと頑張る教師の献身的な努力によるものである。…しかしながら、学校の役割が過度に拡大していくとともに、直面する様々な課題に対応するため、教師は疲弊しており、国において抜本的な対応を行うことなく日本型学校教育を維持していくことは困難であると言わ

ざるを得ない。（傍点引用者）

ここには、子どものために頑張る教師の姿こそが「日本型学校教育」であるとし、その教師の頑張りが「働きすぎ」の原因となっているかのように指摘されている。これでは堪らない、というのが学校現場の教師の思いではなかろうか。

矢継ぎ早の「教育改革」が学校現場に押し付けられ、教育成果・教育評価によってがんじがらめにさせられながら、教師の主体性や尊厳が奪われてきたこと、まさに「国の政策対応の誤り」こそが学校と教師の疲弊をもたらしてきたのではなかったか（石井拓児『学校づくりの概念・思想・戦略』春風社）。答申は、このことについて何の省察もなさないまま、「国において抜本的な対応を行う」としている。

第二に、答申は、現代社会を「予測困難な時代」「先行き不透明な時代」として不安をかき立てる記述を何度も繰り返している。そして、こうした社会のなかで、「答えのない問いにどう立ち向かうのかが問われている」とか、「確信を持った答えは誰も見いだせない」などと、勝手な断定を繰り返している。

新型コロナの感染拡大の問題でさえ、ワクチン開発等科学研究の推進によって、克服は決して不可能な課題ではないはずだ。感染対策をどの程度講じれば感染拡大を防止できるのかということも、次第に判明してきているし、少しずつではあるが日常は戻りつつある。多くの人々は、悲観してもいなければ絶望してもいない。

科学者グループが懸念しているのは、気候変動による温暖化で永久凍土が溶けはじめ、未知のウィルスが次々と現れる可能性が高まっていることである。「確信をもった答えを誰も見いだせない」のではなく、人類が解決すべき課題は明確である。「答えがない」などとして答申は科学に対する不信をあおっているかのようにもみえる。

第三の問題は、学習指導要領に示された人間観や資質・能力観、学習観の「正しさ」を強調し、その「全面的実施」「着実な実施」を各所で強調していることにある。

私たちが考えなければならないことは、それぞれの学校において、一人ひとりの子どもの成長発達の課題とその多様性をとらえ、そのために必要な教育的手立てが何であるのかを見極めることにある。そのためには、教師同士の協議と研究が不可欠な要素となる。

学習指導要領に示された資質・能力観や学習観を金科玉条のごとく用いてこれを学校現場に押し付けることは、教師同士の協議・研究を歪め、あるいはその中身を空疎なものにしてしまいかねない。実際、子どもの発達課題についての現状分析もなされないまま、一方的に「主体的・対話的で深い学び」をお題目のようにして授業に持ち込んでいる教師は多いように感じられる。例えば、教室の中に場面緘黙（かんもくのような発達特性のある子どもがいるような場合にも、十分な配慮のないままアクティブラーニングを無理に押し付ける授業実践はなされてはいないだろうか。

「令和の日本型学校教育」政策と「特色化・魅力化」高校教育改革

以上のように、「令和の日本型学校教育」答申は、教師と保護者、子どもたちに社会不安をあおるだけあおりながら、学習指導要領の全面実施を学校現場に強引に押し付けようとしている。その矛先は、幼児教育から義務教育段階、高校教育段階に至るすべての学校段階に向けられている。なかでも高校教育改革は、おそらく本答申の中心的なねらい目となっているのではないかとみられる。答申が示している高校教育改革の要点は、次の二点である。

第一に、各高等学校の存在意義・社会的役割等の明確化（スクール・ミッションの再定義）と各高等学校の入口から出口までの教育活動の指針の策定（スクール・ポリシーの策定）というものである。各学校は「目指すべき学校像（＝スクール・ミッション）」を示し、これに基づき「育成を目指す資質・能力に関する方針」「教育課程の編成及び実施に関する方針」「入学者の受入れに関する方針」という三つのポリシーを策定して公表することが求められている。

第二に、「普通教育を主とする学科」の弾力化・大綱化（普通科改革）と産業界と一体となって地域産業界を支える革新的職業人材育成のための専門学科改革である。普通科改革では、「普通科の各高等学校がそれぞれの特色化・魅力化に取り組み、その教育内容にふさわしい学科名称を設定する」とされている。

これが、「各高等学校の特色化・魅力化改革」と呼ばれるものの中心的な改革課題であるが、いったいこの改革は、何をねらいとするものなのであろうか。

筆者には、この「特色化」「魅力化」改革に強い既視感がある。2012年6月に文部科学省が策定した「大学改革実行プラン」において、各大学がその設置目的を明確化し、公的機関としての存在意義を明らかにすることとして「ミッションの再定義」が求められた。各大学は、それぞれ文部科学省と協議しながらミッションを「再定義」した。

各大学は、それぞれ地域の実情やそれぞれでの研究課題を踏まえ、自由に自らのミッションを再定義したわけではなかった。あらかじめ文部科学省は、①世界的研究・教育拠点、②高度な教養と専門性を備えた先導的な人材を養成する大学、③具体の職業やスキルを意識した教育を行い、高い実務能力を備えた人材を養成する大学、という三つの類型を用意し、各大学に三つの類型の中から一つを選択することを迫っていたのである。

この類型選択は何を意図していたのか。世界的な研究をミッションとする大学には重点的に予算を配分し、地域の課題に応えることをミッションとする大学には地域の予算を配分することが望ましいとして国からの予算配分を縮減すること、すなわち国立大学の差別化・格差化することにねらいがあった。

今次の高校教育改革は、「スクール・ミッションの再定義」と「スクール・ポリシーの策定」を通じ、高校をいくつかの類型に棲み分け、これを差別的に再編成しようとするねらいが背景にあるとみられる。

普通科高校についても、「特色化・魅力化」を通じて学科名称を変更させ、従来の公費で維持する学校数を縮減する根拠とされる危険性をとらえておく必要がある。とくに、答申が、「特色化・魅力化」の方向性をわざわざ三点例示していることに留意が必要である。普通科高校を三つのタイプに類型化し、差別的に再編成しようとする意図が隠されていないか、精査する必要がある。

いずれにしても、このような「高校教育の特色化・魅力化」改革に対応するためには、次の点に留意することが決定的に重要である。すなわち、「スクール・ミッションの再定義」と「スクール・ポリシーの策定」を行う場合には、そのことによって各学校がいくつかの類型に収まらないように工夫することである。文章表現等、百の高校があれば百通りの文言で魅力と特色を打ち出していくことが必要であろう。「高度な人材」「国際的な人材」「地域の人材」といった表現はできるだけ避けたほうがよい。

高校再編と統廃合問題・中高一貫校問題

2022年11月には、中央教育審議会初等中等教育分科会のなかに「高等学校教育の在り方ワーキンググループ」が設置され、12月1日に開催された会合では、検討を進めるための参考資料として「少子化が加速する地域における高等学校教育の在り方に関する論点について」が配布されている。ここでも高等学校の再編・縮小をめぐる動きが現れていることに留意が必要である。

愛知県では、「県立高校の魅力化・特色化、再編に向けた取組を進めていく」として、2021年12月に「県立高校再編将来構想」を策定し、これまで公立高校で実施してこなかった中高一貫教育の導入が検討されている。「高校受験の影響を受けずにゆとりをもって中学の授業を行える」といったメリットが強調され、いわゆるトップ校の生徒にのみこの恩恵を与えようとすることは、まさに「差別的再編高校政策」というべきである。高校の差別的再編成・縮小の目論見に抗して、すべての子どもの学ぶ権利をいかにして保障していくのか、市民とともに本格的な協議を開始しなければならない。

高校教育海外最新事情

連載

コスタリカにおける主権者教育と子ども選挙

同志社大学グローバル・スタディーズ研究科博士前期課程修了、ＹＫＫ株式会社勤務　**児玉陽基**

　日本の若者の投票率低下が深刻な課題となっている。第49回衆議院議員総選挙では、10代が約43％、20代が約37％、30代が約47％と若者の半数以下が投票していない。こうした状況から文科省は主権者教育を推進しているが、本稿では海外の主権者教育の事例としてコスタリカに着目したい。コスタリカは域内の主要国と異なり、スペインから独立以降、1917年から100年以上選挙によって指導者を選出しており、若者の投票率も比較的高い（2018年大統領選30代以下投票率約61％）。またエコノミストが2021年に発表した民主主義指数（Democracy Index）で、コスタリカは世界で20番目に民主的な国家であり、アメリカ大陸の中でウルグアイに次ぐ民主的な国と評価されてい。

　コスタリカの初等・中等教育には「市民科」（La Civica）という教科があり、憲法や諸機関、政党などの、主権者教育と特に関わりのある学習が行われている。この教科のカリキュラムと教科書から確認できた教育内容を以下に簡潔に記載する。

　初等教育では、子どもに身近な地域的視点を出発点とし、人権・憲法・子どもの権利条約と、それらと関連した諸機関（教育省・母子保健機関・社会保障機関等）に内容が取り扱われている。これらの学習を通して子ども自身が、コスタリカ代議制民主主義社会の将来の行為主体者として、公的機関や諸制度を使いこなすための能力の育成が行われている。

　前期中等教育の主権者教育は、初等教育で学んだことをより深く学ぶためコスタリカ民主主義・選挙制度や、それを保障する諸機関（選挙管理委員会・三権）の学習が中心となっている。また、市民権行使の学校内における実践として生徒会選挙のプロセスを教科書から学び、中等教育でも身近なところから民主主義システムと、主権者として果たすべき役割の理解を深めている。

　後期中等教育では、コスタリカ民主主義社会における諸制度・機関への理解に加え、政治的選択を行う為の選挙に関連した学習をする。教科書では、直近の選挙に参加した政党の紹介と分析（歴史、マニュフェスト等）が記載され、政党への理解を深めることが求められている。このように各政党の特色を把握し、教室内外での意見の形成を促すことで主権者としての政治参加を促進する教育となっている。

しかし、高校生へのアンケート調査では、市民科は知識偏重であり「退屈な科目」と評価している生徒が多い。市民科の学びの活用として、生徒会選挙を実施しているが、現実の政治状況と対応した「実践的な教育は行われていない」という回答も多くみられた。

公教育のこうした課題に対し、コスタリカでは民間の団体が実践的な主権者教育を行っている。それが大統領選挙時に、選挙権を持たない子どもを対象とした「子ども選挙（Las Elecciones infantiles）」である。4年に一度の大統領選挙期間中、子ども達は実際の選挙と同じ政党・立候補者の中から模擬投票を行う。投票方法は実施団体によって異なり、タブレットを用いる場合もあるが、要請を受ければ国の選挙管理委員会が本物の投票権とほぼ同じ投票用紙を支給する。子ども選挙の結果はテレビなどでも放送され、一連の選挙プロセスを体験する。この経験を通して、意見の表明・規則の順守・市民として社会参画・他者の意見尊重等を学ぶことが期待されている。

子ども選挙は1978年一市民の自宅のガレージで始まった。当時はまだコミュニティー内の一行事であったが、民間のテレビ局TELETICAが番組内で行って以降、全国的な規模となり、ついには近隣国でも導入されるようになった。そして現在、子ども選挙は選挙管理員会の支援と指導を受けつつ、政府機関・民間企業・学校・地域社会等、様々な団体が独自に行っている。2014年の大統領選挙時には、一回目の投票と決選投票合わせて29の団体が実施した。投票はやや都市部に集中したものの、合計約5万人の子ども達が権利を行使した。前述のTELETICA担当者によると、子ども選挙実施を通して、TELETICAは収益を得ていないという。そして子ども選挙実施の目的に、投票体験を通して実際の選挙に興味を持たせ続け、市民的義務と権利の促進をすること、と述べている。

このように子ども選挙は個人の意見を政治に反映させる、最も重要かつ基本的な「投票」という機会を、同時進行の大統領選挙と共に体験させている。そして公教育に欠けていた「現実の政治状況と対応した実践的な主権者教育」をコスタリカ市民が40年間、その担い手として補完し続けている。

20代
若者教師の頁

若者教師の失敗から――「笑い」が溢れる学級？

公立中学校　工藤　翔

いじめは許されないという認識の一方で、笑いも大切にしたい気持ちの狭間で葛藤しています。中でも、判断に困った2つの場面についてご教示願います。

場面1　間違いを笑う

私：Aさん、どこまで出来たか教えてくれる？
Aさん：とんちんかんちんぷんでした。
全員：？
私：それって、「トンチンカン」と「ちんぷんかんぷん」のこと言ってる？
Aさん：ああ！それです！
全員：（大爆笑）

私はお笑いが好きで、友人と話す時もいじったり、いじられたりしています。そのため、生徒同士、あるいは、生徒とのコミュニケーションにおいても、いじったり、いじられたりすることが多いです。このことから、私は、良く言えば「ノリが良い先生」で、悪く言えば、いじられる側の感情に「鈍感な先生」なのかもしれません。毎年、悲しい思いをさせてしまう生徒が出てしまいます。

とはいえ、故意に相手を傷つける行為を認めているわけではありません。

しかし、現在のいじめの定義は、いじめられた側がどのように感じたかを重視します。そのため、場を楽しませるための「笑い」であっても、いじられた側がいじめだと主張すれば、意図の有無に関わらずいじめになります。

このような言い間違いによる笑いは、どの学級でもよくあることだと思います。面白かったので、私も笑ってしまいましたし、学級内で流行語になりました。

しかし、このことをきっかけに、Aさんは授業で発言する回数が格段に減っていきました。

Aさんと面談をすると、「みんなから天然って言われるけど、自分じゃわからないし、天然って思われているのも嫌だから自信があることだけ喋るようになりました」と話してくれました。Aさんの立場に立つと笑われることは嫌だったのかもしれません。しかし、言い間違いを防ぐことも「笑うな」という指導も不可能に思えたので、「必要以上に引きずらない」ことを全体へ指導しました。

場面2　行き過ぎたノリ

昼休みにお笑い芸人のように、漫談をするBくんがいました。ある日、学級目標を劇で表現する時間がありました。どんな構成にするか話し合っていた時のことです。

> 生徒：Bが漫談をして、その後に目標を読むのはどう？
> 生徒：いいね！Bの話おもしろいし！
> Bくん：えー…嫌だなぁ
> 生徒：お！これは良いってことだな！
> Bくん：なんでだよ！嫌だよ！
> 生徒：あぁ！押すなよ？押すなよ？的なやつね！
> Bくん：ちがうよ！やらないよ？
> 生徒：仕方ないな～。じゃあ、俺がやるよ！
> 生徒：俺も！俺も！
> Bくん：じゃあ、俺が…
> Bくん以外：どうぞどうぞ！
> Bくん：もう…しょうがないけどやるか…。

私は、この流れをお笑い芸人的なノリだと思い込んでいました。しかし、その後、Bくんは元気がなくなり、漫談もなくなっていきました。もしかして…と思い、Bくんと面談をしました。すると、「劇の時に漫談したくない。ノリに流されてしまったけど、後悔しています。」と話しました。これを受け、「人によって好きなノリと嫌いなノリがある。判断するのは難しい。だから、嫌な時は、『マジで』など強調する言葉をつけて否定するようにしよう。ノリを作ってしまってもその言葉を聞いたら終わり。それを学級での合い言葉にしよう。」と全体へ指導しました。

復信―

弱さを理解し合った「笑い」へ

私立中学校　伊藤みのり

私も、誰にとっても居心地のよいクラスづくりに毎年苦戦している。私の対応が遅く、不登校生徒も現れ、失敗が続いた。生活指導のあり方を模索しながら取り組んできた中で学んだことを述べたい。

高生研の内田理（一橋大学）さんからもらった次のような言葉が私のクラスづくりの指針となった。「対等で多様性を認め合うコミュニケーションがとれる関係性なら、カーストやいじりは生まれにくい。そこへ向けて生徒達の関係性を動かすには、まず教師が生徒と支配ではなく、多様性を認める対話をすることでは。」

いじりの「笑い」がある空間では、そこにいる全員の人権が保障されない。「テレビのお笑いは、笑われてなんぼ。収入を得るための笑い。芝居同様、役回りを決めてのいじりをつくり、人権の尊重を無視したものを表現する。芝居と違って、視聴者が、作り事とは捉えにくい」こんな話をすると、生徒は驚くことが多く、お笑い番組と現実の混同が見られた。

私が担任した中一クラスでの取り組みを紹介したい。いじり、大勢が一人を笑う（集団による暴力）が日常的なクラスで、「マウント」を取るために、いじりやすい相手を常に探し、いじる生徒と、この生徒に追随する生徒たちからなる男子生徒の群れが存在した。ノリがよいことで彼らは安心感を得る。その他の生徒たちはいじりの空気に何となく従っていた。「空気の読み合い」が常に行われ、同調圧力が強まった集団に委縮し、教室にいられなくなった生徒もいた。多様性を認め合う、対等な関係性につくり変えていく必要があった。そのために、この空間に違和感をもった生徒の思いを聞き取り、その思いについてクラス全体が書いた意見文を共有できるようにしてから話し合いを行った。この話し合いを通して、いじりに違和感をもっている生徒の存在に、いじる側が気づくことができた。いじられている生徒Cの自慢が多い発言にいじる側のイライラした気持ちにも気づけた。私との面談を経て、Cは「自分を大きく見せてしまう」という自覚している短所と「馬鹿にせず、また大きく見せてしまっているよと声をかけてほしい。その言葉は受け止められる」という要望をクラスに話した。いじりに違和感をもつ生徒といじりの先頭に立つ生徒が、私の仲介で互いの思いを話し合った。いじる側の生徒は一人になることが恐いから群れると、自分の弱さの自覚ができるようになって、互いへの敬意をもち合う関係ができた。教師が多様性を認める対話を生徒に見せてきたこともあって、思考や価値観が自分と異なる人の存在を楽しめる集団に変わってきた。同調圧力が生む「ノリ」「笑い」ではなく、弱さを理解し合ったことで、それぞれの個性をユーモアとして受け止めるCが以前と同様の振る舞いをしても微笑みで返し、Cにそっとアドバイスしていた。いじることへの違和感をもつ人が増えてきた。

　工藤さんが判断に困った二つの場面として問い直していることに注目した。二つの「失敗」の原因を「行き過ぎた」ことと捉えているように思われた。私は、「ノリ」がよく「いじり」のある集団ではこのようなことは起きがちだと思っている。どんな集団なのか分析していくと見えてくるものがあると思う。A、Bとも嫌なことをクラスでは言えなかった。A、Bの様子を見て違和感をもったとしても表明できなかった生徒もいたのではないか。この集団に多様性を認め合う、対等な関係性が十分に育っていなかったのだろうと思う。Aさんの言い間違いを復唱することで、失敗を強調することになり、いじる的となりやすかった。「難しかったんだね、じゃあっ…」と授業を続け、教師が失敗も多様性として認めた、生徒との対話をクラス全体に見せる機会となればよかったと思う。しかし、工藤さんが生徒の異変に気付き、すぐに面談をしたことや、そこで、生徒が率直に自分を出せる教師との関係性があることがとても素晴らしいと思った。生徒と支配的ではない対話ができる工藤さんだからこそ、生徒同士の関係を対等で多様性を認め合うものにつくり変えていくことができると思う。また、その中で、違和感を意思表示できる生徒を育てていくことが大切だと思う。

　「笑い」がないといけないととらわれずに、誰にとっても居心地のよいクラスを作っていきましょう。

実践記録から「生活指導」を読み解く

相良武紀×有田みどり

相良武紀：東京都出身。13年間勤めた私立和光高校在職中に高生研と出会う。現在は、オーストラリアのクイーンズランド大学にて生活指導に通ずるシティズンシップ教育実践理論を研究している。趣味は有酸素運動。

有田みどり：北海道出身。弘前大学生時代に高生研と出会う。卒業後は仙台市の中学校に6年間勤め、その後子ども支援を行うNPO法人に転職。現在は生活困窮家庭の中学生を対象とした放課後教室を運営する。趣味はカフェ巡りとヨガ。

215号特集1畠中実践

高校生が生きるリアルの難しさ

有田：「容姿や行動の違いをなぜ『チャイニーズだから』と言うのか」という問いに対して、「そういうもの」「意味はないと思う」と言う生徒に「待ったをかけたい」とは思っても、「でも言わない」という畠中先生の姿勢に惹かれました。どういうことなのかと。

相良：有田さんは自分の思ったことを生徒にも言っちゃう、ということ?

有田：そうですね。自分の気持ちも素直に伝えることで、先生と生徒という枠を超えて関わっていると生徒に感じてもらい、本音を引き出すことが肝だと思ってきました。そのために感情を積極的に出すことはむしろやってきたので。畠中先生のその言葉はある意味カルチャーショックでした。

相良：生徒が深いところで思っていることを聞く難しさは、今も感じていますか?（有田：感じていますね…。）僕も去年担任していたHRを振り返ると、コロナの影響も受けてその難しさが増している気がしています。畠中さんはそれを31頁にて「近視眼的であったり、課題に工夫を凝らすというより内輪話をおしゃべりのように語るものが例年よりも増えた」と言ってる。なぜかというと、「自分との対話（や）人に伝えたいという気持ち」が例年以上に弱いのではと。また授業課題で自分を表現することへの意識も薄くなっているのではないかと分析されている。

有田：先生に言われたことを覚えて答えればいい、という感覚ですよね。

相良：成績を意識する感覚が強まっているということなのかもしれないけど、この捉えについてはどう思います?

有田：わかる気がします。どこか煮え切らない、表面的な関係に終始している印象を受けます。

相良：その在りようは当事者にとっても居心地は良くないはず。でも、それを解消していく難しさを痛感している感覚があってか、教員に対しても理想的な期待はかけてこない。むしろ警戒している。一方でSNSを通じた「関係」は継続される。コロナで機会が制限されるなか「どう関わったら良いのか」が、不自然なほどに難しい課題になっている感覚。そこに彼らの痛みを感じたんだよね。一度関係がこじれたグループは、僕や周りがどこまで関わっても、向き合うことを選ばなかった。

有田：そういった諦め感にコロナは追い打ちをかけた気がします。よい友達にも大人にも出会えないなかで、それでも学校に来ればなにかが起こるかも…という期待が持てていたのが、「行事はできない」「距離を取れ」と言われて、ただ過ごすしかなくなってしまった。SNSから雑多な情報を受け取る中で、親友とか友達に対する期待値が今まで以上に高くなっている気がします。だから諦め感も強まり、向き合うことをしない。わたしが中高生のときは、同じようにぶつかりはしていながらも、気持ちを話す機会がほしい思いは、当事者の間で持てていた気がします。

相良：わかってほしい思いがないとは思わないけど、思いを行動に移すハードルが上がっているような感覚。今の高校生が生きるリアルの難しさは計り知れないね。畠中さんもその難しさを感じながら、その応答としてこの実践を行ったわけだけど、そこでなにを生徒に語らせようとしているのだろう。

苦しい在りようを語り合う実践

有田：33頁に紹介される「一見素直だが安易で人任せな感想」という生徒評価に、畠中先生らしいエッジが効いていておもしろいと感じました。簡単に「わかった」とは言えないことに出会わせたい、という気概を感じます。

相良：わかる。畠中先生は特にそういう人たちが思考し始めることにこだわっているよね。35頁の女子グループにも、「もっと考えて」と言ったところで思考ははじまらない。むしろそう注意することで本当の声を遠ざけてしまうことを感じとれている。自らの経験と他者が語ることばが出会う中で生まれる齟齬を考えてほしいから。それを抜きに語っていても本当の語りとは言えない、そう畠中先生は考えている。

有田：そうですね。投げられる問いの特に3つ目が秀逸だと思います。この問いがこの授業全体のみそになっていて、でも最初からこれを提示してしまうと本当の語り合いにはならない。またその前に畠中先生の思いを伝えてしまっては、生徒達の本当に言いたいことを出てこなくさせてしまう。そのために1つ目、2つ目の問いがしかけられていて、3つ目の問いが深まっていく構造になっているのがすごい。

相良：3つ目の「みんな一緒がいいね」は、そういう在りようでは誰しもが苦しいことを畠中さんはわかっている。そこは教師が思いを語っても意味を持たないことを自覚されているからこそ、生徒自身が無自覚にも縛られている苦しい在りようを、教材と問いを挟む過程で、語れる機会を実現しようとしている。

ことばの語られかたに関心が向いていく

相良：チャイニーズという括りでは個人を見ていることにならないことが集団で話題になった状況で、それを「答え」と畠中さんが意味付けてしまえば、安易で人任せな感想を寄せた人は思考も納得もないままに授業は終わる。だから「改めて自分の考えを書いて」と促している。正論を論理的に反論することばはないかもしれないけど、納得できない気持ちを表現すればいいと呼びかけている。自分のことばを探すために論理性に決着しない過程をあえてつくっていると思うんだよね。

有田：なるほど…論理的に応えることに慣れている生徒の察知感覚はするどいですからね。教員のふるまいや問いかけを見て「あ、今はこう答えれば乗り切れますよね」っていう。そういう子たちって一見クールに見えても、実は不器用で、どこか痛みや悲しさをもっている子が多い気がします。

相良：論理的な在りようではなくて良い、というメッセージを、実践を通じて出している。チャイニーズと言わせないことを教えたい意欲よりも、納得できない感情を誘い込むほうに重きが置かれている。だから、生徒達がなにを言うかに関心が向いていくのでしょうね。場の空気や論理的な強さを超えて、思っていることが出てくる環境づくりをしている。それが生徒にとっては、周りの生徒が考えていることへの関心につながっている。36頁の描写は、TAへの畠中さんの眼差しが描かれている。TAが使っている言葉の意味を辞書的に受け止めるのではなく、TAの語りかたに目を向けている。他者を配慮しながらもあえて型破りな感じをだしたがるTAの在りように注目している。

有田：この着眼はわかる気がします。生徒の使っている言葉や選んでいるふるまいに苦しさが見えると、「関わりたい！」と思ってウズウズします（笑）。

相良：そうね（笑）。なにか教えたいことが先にあって、それをどう学んでいるかを確かめるような眼差しではないよね。例えばTAの在りようを学びながら、そこに応えられる実践を「不安は尽きない」し「日々頭を悩ませ」ながら探ってる。他生徒にTAの在りようを感じて欲しいという思いもあると思うけれど、誰より畠中先生がそこに関心を向け関わっている。それは生徒からしてもリアリティをもつのではないかと思うよね。在りかたに接近しようという姿にね。

有田：なんだかスッキリしました。畠中先生は消去法的に自分の気持ちを生徒に言わないのではなく、みんなの気持ちが知りたいという思いから、自分の気持ちを言わないというスタンスを自然に持っているのだなと。

相良：気持ちを言わないことはモットーではなくて、生徒の語りかたに真剣に目を向けるがゆえ、必然的にそうなっていくということかもね。

有田：意識的に気持ちを抑えたというより、自分からでてくる欲求がそっちだったという話ですよね。最初に読んだときは言わない方が不自然だと思いましたけど、今はむしろこっちが自然だなと思います。

相良：一般的に、本音を聞くための自然な関わりでは私的な個人を出していくことが意識される気がするけど、実はそうじゃない。生徒の置かれる状況、ことばの裏側の重さや痛みが表出する場をつくろうとしていくと、それこそ「自然」と教師という立場による答えがもたらす影響について注意深くなる。だから「言わない」ことを選択する。そうでないと、ほんとうの生徒のことばが表出することも、それを教師がきくこともできないのだろうね。

教材を超えることばを探して

有田：国語という授業でそこに挑戦しているのがスゴイですね。これまで自分は多様な意見が出るように発問し、それが共有できればＯＫとしてきたことに気づかされます。でも同時に感じていた「これでいいのかな？」という違和感も思い出しました。また畠中先生の授業は、テキストが生徒の本当の思いを出すための媒介でしかないことがすごいと思います。教材があると、テキストにどうしても縛られるんです。

相良：今回の教材を随筆だから選んだと書いているけど、それでも？

有田：意見が出るように発問しても、その「多様さ」が結局テキストの範疇に縛られてしまうことってよくあるんです。それは一般論を出し合うことで終わってしまいます。でも、逆に教材に関わらず意見を貰うと、ただおしゃべりのような感想になってしまう…。

相良：なるほど…。畠中さんは教材なしで語らせるわけではないけど教材理解が目的でもない。息苦しさに彼ら自身が応えていくためのことばを教材を媒介に呼び込んでいると言えるかもね。

有田：まさに、生活指導の授業だと思いますね。効率性や生産性さが重視される世の中ですが、そこに甘んじない芯の強さも感じます。

ひらひらチョロチョロとお構いなしに泳ぐ姿に気が緩み、思わず笑ってしまう。
巣の周りに手を伸ばせば、時にはこっちを威嚇してくるヤツもいる。
可愛らしすぎる。

岩に掴まっていなければ流されてしまう大きな流れの中、
果敢に流れに逆らって泳ぐ大物たちに会いに行ったこともある。
その美しい勇姿には惚れ惚れしてしまった。
丸々とした銀色の身体が、光にあたり、流れに向かって進んでいく。
神々しささえ感じる。
人の思惑を超えた世界でたくましく生きる姿。

山や海に足を運ぶとき、いつもとは違う力を使うから、
それだけでも何か緩む感じがするのだけれど、
人間の尺度とは異なる自然に触れると、なんだか気が楽になる。
深呼吸をしたくなる。（なんでかなあ。）

そしてなんとなく内側から元気になるのだ。

今年、夏の大会の後に島に足を運んだ。
期待以上の大らかさで
すっかりその島が気に入ってしまった。
海に誘われ、久しぶりに潜った。
見渡す限りのテーブルサンゴ、
潮の流れに流されながら
魚たちと一緒にいる水の心地よさ。

秋もまたいい。
里山は色づき、
心なしかのんびりとした空気が感じられる。
秋の日差しは心地よい。
次はいつ登ろうか。

illustration by Fuki Miyamoto

内藤さんとの出会いは、今号発行から遡ると、約半年前の第 60 回全国大会の沖縄でだった。基調発題終了後、久しぶりの現地対面参加の興奮もあり、去りがたく、もう少し基調について語り合いたくて、短時間だったが急遽声を掛けて集まっていただいた 20 人程の中にいらしたのだ。その時に、耳に飛び込んできた張りのあるエネルギッシュなお声にまず惹かれた。そして、感じたことをできるだけ確かな言葉に置き換えようとされている姿も印象的で、ぜひ書いていただきたいと思った。詩的な文体と宮本さんの夕日？に向かってブランコを漕ぐ少女の挿絵がとても素敵で、このコーナーに新たな色彩を加えて豊かにしていただいたようで、嬉しい。
ただ、この色合いを誌面ではお見せできないのが残念でならない。（見波由美子）

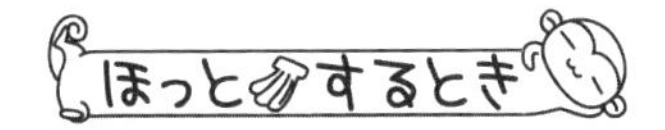

今回は、東京の和光高等学校
内藤 美紀さんの「ほっとするとき」を
ご紹介します。
＊挿絵は茨城で美術教員をされている宮本 芙貴
さんが描かれたものです。

通勤途中のラジオから流れる音楽。
校舎へのアプローチで仰ぎ見る青空。
仕事の合間のコーヒー。
他愛もないことに笑っちゃった時。
鳥の声とともに部屋に入ってくる風。
金木犀の香りに気づくとき。
料理番組で、作ってみようかと思うレシピを見たとき。
日常では、ほんの chotto の間に息継ぎしているように思う。
でもこれはホントに息継ぎ。

ぎゅうぎゅうの毎日を思うと、私は、そんな息継ぎだけでは物足りない。
チャージしなくっちゃ。
疲れた身体に号令をかけて、いざ！

分刻みの日常から離れて、足の向く、気持ちの向くスピードで。
海や山の世界に入るとその流れとは異なる世界が広がる。

山に入ると風の動きがよくわかる。
汗をかいた身体に心地よい。
開けたところでは、空に吸い込まれそうな気分になる。
遮るものがなく、風はそのままの姿で山にあたる。
雲を運んできそうな風、その強さや冷たさが教えてくれる。
そろそろ雨が降りそう。急いで下ろうか。
あっちの雲が怪しいね。

海は海でこれまた素敵。
身体を水の動きに委ね、その世界にお邪魔すると、
漂いながら生きる魚たちと出くわす。
魚たちからすれば、こっちは怪しい丸太ぐらいにしか写っていないのかな。
浮いたり沈んだり、不自由なこちらとは大違い。
少しの間、力を抜いて水に漂ってみる。

ずいぶん昔の不登校体験

さらだ（セクシュアルマイノリティと人権を考える会）
近藤　歩

不登校の記憶

小学校の入学式の写真にはスカートをはいた自分の姿が写っている。

私は戸籍上女性として生まれたが、幼少期から自分は男であるという意識が強くあった。それはトランスジェンダーというアイデンティティであり、性別変更も含めた様々な選択肢がある。でも30年以上前、小学校に入学したときの私はそんなこと知るよしもなかった。周りの大人たちもそんなことは知らなかったと思う。

赤いランドセル、黄色いチューリップ帽で始まった学校生活、それはとてつもなく苦痛だった。

そして私は小学校を1ヶ月でドロップアウトした。

当時の私がとても強烈に思っていたことは、学校が怖い、ということだった。漠然としたものだが、楽しかった保育園とは違い規律と統制が重んじられるような雰囲気に圧倒されてしまったのかもしれない。結局私は小学校の6年間をほとんどクラスに通わずに過ごした。

中学校に進学するにあたって、とにかくスカートの制服を着るのがいやだった私は公立の中学校に通える気が全くしなかった。親も先生もそう思っていたと思う。仕方がないので中学受験をし、制服や校則がなく、先生との距離も近いと言われる中学校に進学した。その学校ならば、と期待して入った学校だったが、わずか1ヶ月の登校で私はまた不登校生活になった。

その後、小学校から通っていた塾がフリースクールを開設し、私はそこに通うことになった。引きこもりにならなかったのは単なる偶然だと思う。

「フリースクール」と言っても生徒は2人しかいない、週に2回開催からのスタートだった。

結局中学校はその後1日も登校せず、卒業し、その後進学した通信制の高校も一度も通えなかった。

それでもアルバイトで働き出したことが自信になり、生きていくことはできるのではないかと思うようになってきていた。

バイトだけに明け暮れたのち、ふと大学に行きたいと思いだした。

フリースクールの先生に相談し、「定時制高校に行け」ということになった。本当は大検（いまの高認）試験で受験資格を得ようと思ったが、勉強習慣もなく、大検に受かる気もしなかった。学校に通える気もしなかったが、定時制高校は在籍中も大検の受験資格があったので保険だと思って受験することにした。

「通えなくてもいい」と割り切れたことと併せて定時制の受験を決意させたのは「定時制高校は名前を書けば通るから」と言われたことだった。すでに一次試験は終わっていたが、定員割れをしている定時制高校の倍率は1倍を切っていた。

勉強に自信がなく、不安を抱える私には「名前を書くだけでいい」という学校があることがもう一度学びの場に戻るきっかけになった。

私は18歳で定時制高校に入学した。

やめてもいいや、と思って入った高校生活はとても楽しかった。

2年次の終わりには無事に大検の単位をすべて取り終えたのだが通い続けた。途中の中だるみ期では授業も出ずに職員室の担任の椅子に座って「なんか学校だるい」とか言っていた。

担任は叱りもせず、授業から帰ってくると、椅子から私を追い払い、机の引き出しに常備していた飴をくれた。

そんな時期を乗り越え、私は入学時の人数が卒業には半分になっていると言われた学校を無事4年間で卒業してしまった。

不登校であること、トランスジェンダーであること

不登校をポジティブに語る人も増えた。だが私自身はさほどポジティブには捉えていない。

もちろん死ぬくらいなら学校になんか行かずに生きていればいいと思う。

しかし私は不登校になったことでその後の人生で様々な選択肢が困難になったとも思っている。

トランスジェンダーと不登校、どちらも自分を構成する大切な要素だ。でもそれは選んだというよりは「せざるを得なかった」というところだ。

性別違和を持つ生徒は「学校」からはみ出てしまう人が多いと聞く。

学校生活では自分の性別を意識することがとても多い。一つ一つは小さいことでも積もっていけば、「息苦しい」「生きづらい」と思えてしまう。

他方、私が通った定時制高校では、自分の性別をさほど意識しないで生活ができていたように思う。そもそも1クラスに20人程度しか在籍しておらず、そのなかで授業に出席しているのは5、6人だった。男女で対応することよりも個人に対応することの方が合理的だったのだろう。

男でも女でもなく、人として自分を感じることができた。その体験を10代のうちにできたことはとてもよかったと思っている。

性別違和を抱えるトランスユースたちが自分の可能性を諦めずにすむ学校教育が発展することを願ってやまない。

ドラマとドキュメンタリーの可能性

牧口誠司

『マイスモールランド』
監督　川和田恵真
2022年　日本映画　114分

　難民問題が世間の耳目を集めたのは、2021年3月6日に名古屋出入国在留管理局に収容中のスリランカ女性、ウィシュマ・サンダマリさんが亡くなった事件がきっかけではなかろうか。しかしこの国の出入国管理制度の問題はこの事件にとどまるものではなく、そしてこの国のほとんどの住民は、そのことを知らずに過ごしている。

　僕が初めて入管をテーマにした映画を観たのは、『東京クルド』（2021）であった。そして昨年、『牛久』・『ワタシタチハニンゲンダ！』と立て続けに公開された。これらはいずれもドキュメンタリーであるが、今回紹介したい『マイスモールランド』はドラマである。同じく入管をテーマにしつつ、ドキュメンタリーが描くもの、ドラマが浮き彫りにするものはそれぞれ違う。

　政府は国連の難民条約を批准しているが、この国の難民認定率は諸外国のそれと比べて際立って低い。20〜50%という国がある一方、日本ではわずか0.4%程度である。在留資格のない外国人は入管に収容され、それがいつまで続くかはわからない。裁判も行われないまま、いわば無期懲役に処せられているようなものである。一時的に収容措置が解かれることを「仮放免」というが、就労も許されず、医療保険にも入れず、生活保護も受けられない。都道府県をまたいで移動するときには入管の許可が必要である。ドキュメンタリーを通して、私たちは難民のリアルな姿を目にし、入管職員の言動に言葉を失う。『東京クルド』では、「どうやって生きていけばいいの？」と問う人々に対し、入管職員は「帰ればいいんだよ」と冷たく言い放つ。また『牛久（うしく）』の中で、収容されている人たちは、秘かに持ち込まれたカメラに向かって「この国は邪悪だ」と訴えかける。さらに『ワタシタチハニンゲンダ！』を観ると、出入国管理政策の根幹は、戦後日本に住む外国人の9割以上を占めていた在日韓国・朝鮮人の取り締まりを目的としたものだということが分かる。つまりそこには人権や保護といった視点はなく、管理・排除といった思想が色濃く流れているのである。

さて、『マイスモールランド』である。主人公は17歳のサーリャ。埼玉の高校に通い、親友もいる。父のマズルム、妹のアーリン、弟のロビンの４人暮らしで、家ではクルド料理を食べ、クルド語の祈りを捧げる。周囲の友達と同様、ありふれた日本の高校生として毎日を過ごしているサーリャであったが、そんな一家に、ある日難民申請が不認定となったという知らせが入る。当たり前の日常がある日突然奪われ、入管への収容、あるいは国外退去の不安が一家を襲う。

サーリャは、バイト先のコンビニで共に働く聡太と親しくなるが、在留資格が認められなかった彼女が東京に住む彼に会いに行くことはできない。出来ないはずだが、思いが募る彼女は、聡太と二人で県境である橋を越えていく。その県境を示す標識に、二人で手形を付けるシーンは印象的だ。

そしてこの映画では、何人もの〝心優しい〟日本人が登場する。サーリャのバイト先のコンビニで、「とっても日本語がお上手。外人さんとは思えない」と、悪気もなく話しかける高齢女性。「頑張れば推薦も可能だ」と言っていたのに、何の説明もなく推薦が駄目になったと告げる担任教師。声高にヘイトスピーチを叫ぶ者は出てこないが、多数派に安住し、「異なる人々」へのイントレランス(不寛容)の度合いを強めるこの国で、けれどその同調圧力は多数派にとっても本当に居心地のいいものなのだろうか。さらに言えば、この国のイントレランスと、学校現場にはびこるゼロ・トレランスの風潮は、明らかに地続きのものなのであろう。

ドラマは、ドキュメンタリーのように「事実そのもの」を提示することができない。しかしまたドキュメンタリーは、ありうべき真実の姿を（それが事実として存在しないのならば）提示することができない。この映画は、ドラマの形をとることによって、自分の居場所を求め、自らの尊厳を取り戻そうと声を上げる人々の姿を描き出す。そして彼らの不安や憤りや喜びや悲しみを、この国の多数派が抱える優しい欺瞞も。

この映画のキャッチコピーは、次の言葉である。「ここに居たいと望むのは罪ですか?」ちなみに2000年以降、入管施設の収容中に病気や自殺で死亡した外国人は20人を超えるという。

マイスモールランドとはどこにあるのか。父マズルムは、ロビンに「おれたちの国は、ここにある」と言って、静かに胸をたたく。この国が、多くのマズルムたちに、「ここも、おれたちの国だ」と言ってもらえる日は来るのだろうか。

・DVD発売・販売元：
　バンダイナムコフィルムワークス
・定価：4,810円(税込)

BOOK GUIDE

18歳を市民に

ASD当事者とそうでない人の橋渡しとなる1冊

『あたし研究
自閉症スペクトラム
～小道モコの場合』
著者　小道モコ
クリエイツかもがわ
2009年発行
定価 1,980円

ある小児精神科医が、診療の際に大事にしていることは、「その子の価値を高める」ことだと語っていた。教師も親も同様だと思った。うちの子は発達の凸凹がある。体の使い方がぎこちなく、なわとびを跳べない。生活上の多くの場面で、様々なつまずきを抱えている。このつまずきが重なると、親も子もつい自信をなくしてしまう。なんで皆が当たり前のようにできていることができないのだろうか、と。この本は、自閉スペクトラム症当事者である筆者が子どもの頃から感じていた様々なつまずきを、本人のイラスト付きでとても分かりやすく紹介してくれている。筆者は「学校はjungleのようでした」と当時の困難を語る。うちの子にとっても、そう！　それでも、祖父と美術の先生がたくさん褒めてくれたことが、筆者の心の支えとなっているようである。根源的だけど「その子の価値を高める」ことの大切さが、最後にはとても沁みた。（濱　裕子）

アメリカの大学受験を通して自身の経験を言葉にすることを学ぶ

『あたらしい高校生
ー海外のトップ大学に合格した、日本の普通の女子高生の話』
著者　山本 つぼみ
IBCパブリッシング
2020年発行
定価 1,650円
電子版 1,568円

大阪府立箕面高校を卒業し、独学で米国のウェズリアン大学に2017年に合格した女子学生が、自身の大学受験と大学生活を記した本である。

一見、“勝ち組”のサクセスストーリーに見える。しかし、公立の高校では、英語の学習、アメリカの大学進学準備の双方についての情報が少なく、彼女は常に悩みや迷いを抱えていた。彼女の力を見抜き、高い目標を示すとともに丁寧な相談に応じた校長のサポートは大きい。そして、常に周囲の教師に相談・質問し、アドバイスをすべて実行する彼女の努力も並大抵ではない。

出願に必要な英文エッセイを執筆する過程で、彼女は自分がどのような人間であり、何が自身の成長だったかを内省している。文章執筆は、単に英文を構成するだけではなく、自分と向き合う作業であることがわかる。彼女が自信の経験を形にして伝える力を受験準備と大学生活で得たことは自筆の本書のわかりやすさからも伝わってくる。（髙橋亜希子）

これからの対話のあり方

『いじめ・暴力に向き合う学校づくり—対立を修復し、学びに変えるナラティヴ・アプローチ』

著者　ジョン・ウィンズレイド
　　　マイケル・ウィリアムズ
訳　綾城初穂
新曜社
2016年発行
定価 3,080円

「お前はうそつきだ」、「お前の暴力的な傾向がそうさせたんだ」というように、「問題」をその生徒に「内在」化させる立場に対して、「ナラティヴ・アプローチ」(以下N・A)は、「支配的なストーリー」の陰にある「もう一人の自分(オルタナティブストーリー)」を引き出そうとする。そのために例えば、「その対立は君が決めていたのとは違う行動をさせようと、君を誘ってくる？」「その対立は、君が本当はしたいなあと思っているのとは違うことを君に納得させたり言わせたりしようとして、いろいろと説得してくる？」といった問いで、「問題」の「外在化」を図る。「人が問題なのではない問題が問題なのだ」というのがN・Aの骨法なのだ。その実践は多様な形態を採る。「カウンセリング」「メディエーション」「修復的実践」「サークル会議」…。今後の生活指導実践を考えていく際、N・Aに学ぶ知見は数多くある。

(但馬徹哉)

子どものことばを聴く非権力的な関係をつくることのできる開かれた身体の獲得を

『コモリくん、ニホン語に出会う』

著者　小森陽一
角川文庫
2017年発行
定価　792円
電子版　745円

コモリ少年は小学校の4年間をプラハソヴィエト学校で教育を受けロシア語は身についたが、帰国してからは日常の日本語に苦労し「国語」が大の苦手になってしまった。紆余曲折を経て日本近代文学を生業とするまでの前半は痛快。進学塾では一つの解釈に収斂させる読み方指導をしたが、受験に囚われない高校の「こころ」の授業では生徒の自由な読みに触れ、高校時代「こころ」を自分流に読み「誤読」とバカにされたトラウマから解放される。巻末の著者が小・中・高で行った授業記録に現役教員からの批判も掲載されているのがよい。「いま教師に求められている最も重要な身体的技法は何かというとそれは子どもからことばが出てくるような身体的な位置をちゃんと取れるのかということをはじめとする、子どものことばを聴く非権力的な関係をつくることのできる開かれた身体の獲得なのだと思います」など心に残る言葉満載の本だ。

(前田浪江)

授業者の教えたいこと、教材研究の過程が詳しい

『市民を育てる「公共」—1年間の授業をデザインする—』

編者　市民を育てる「公共」編集委員会
大学図書出版
2021年発行
定価 1,980円

この間、「公共」に関し同様の授業づくりガイドブックが発行されている。それらとの比較を踏まえ、大学の教職課程の社会科(地歴公民科)教育法を教える立場から、紹介したい。まず本書で特筆されるのは、授業者の教えたいこと、教材研究の過程が詳しく理論的に提起されていることだ。例えばB-3「領土」って何？であれば、ナショナリズムに結びつけないこと。「政治問題」としてとらえることとある。領土問題を教えるにあたり、こうした核心を突いた教材研究の過程は、他書には見られない。特に若い教員には、非常に意義があるだろう。1年間の授業づくりアイデアでは、金融や経済の時間を少なくして、探求学習に時間をとったのも本書の慧眼といえる。その他の授業づくりアイデアも若い教員にとって学び甲斐がある。あえて注文をいえば、授業展開の導入など、教えが生徒の学びの課題となるやわらかい工夫があるとさらに良いと感じた。

(森　俊二)

編集後記

★11月に初めて214号の読書会を開くことができました。相良基調の登場人物でもある方々にも参加いただき、対話により、さらに読み深めることができました。今号でも原稿のやり取りを通して、たくさんの出会いがありました。機関誌に集まったエネルギーを、読者の皆さまにもお届けできれば嬉しいです。（見波由美子）★新企画「実践記録から生活指導を読み解く」に有田さんと取り組みました。それぞれの実践知をもとにした疑問を手がかりに、今号では、畠中実践からその生活指導を深めました（相良武紀）★特集1では野口裕二さんに研究論文をご執筆いただきました。ドキドキしながらメールして、応答があって、こういう出会いが機関誌編集にいる幸せです。多様な声が聞こえる今号をお届けできることに感謝します。（望月一枝）★これまで近藤さんと話すことの多くが性の多様さに関してで、それもありがたいのですが今回不登校のことを書いていただけてうれしいです。執筆時間を捻出してくださった春日井さん南出さんの論文も読めてうれしいです。（杉田真衣）★今号も原稿を校正するために何度も原稿を読み返しながら、こんなにも豊かで深い内容の本誌をもっと多くの高校教員に読んでほしいと思いました。「これ読んでみて」とぜひ宣伝してください（前田浪江）★ミニ実践を担当しました。コロナ禍の分断だけでなく、これまでの当たり前としていることから生み出される分断にどう切り込んでいくか。改めて考えながらこれからをつくりあげていきたいです。（小林孝臣）★「不登校」当事者の声が描かれたこの機関誌が多くの人の心に響き、学校や社会が変わっていく契機になればと願っています。（木村久美子）★平馬先生が当初囚われていた「厳しく指導せねば」という呪縛に、私も長らく囚われていました。出身校の指導が軍隊のようだったので、無意識にそれが私の指導観の基盤となっていたようなのです。人間は、自分が受け取ったものを基盤にして無意識のうちに価値観を形成してしまうのでしょう。だからこそはっと気づく場が必要。平馬実践では高生研のプリズンサークルが、私には渡部実践が転機だったと思いました。（濱裕子）★映画は、テレビや新聞、ネットニュースといった速報性のあるメディアではありませんが、重要な問題についてじっくりと考えることのできる媒体です。今回は入管問題をテーマとした映画を取り上げました。これは一過性のニュースとして聞き流すのではなく、腰を据えて考えていかなければならない問題なのだと思います。（牧口誠司）★新連載「実践記録から『生活指導』を読み解く」が始まりました。今は学校の外にいる立場の者同士でフラットに語り合い、実践分析とはまたちがう味わいを持つ内容にできたと思っています。曖昧な私の語りを文字に起こしてくれた相良さんには感謝の限りです。実践分析を読んだ方、ぜひ食後のデザートに新連載もお読みください！（有田みどり）★特集ではじめてナラティヴ・アプローチを取り上げました。ナラティヴとは「物語」と「語り」の両方を意味する言葉です。私たちは物語によって強い影響をうけます。学校を支配する物語からも強い影響を受けており、教師と生徒はそれに苦しんでいるのではないでしょうか。そのような物語から解放されるためには、別の物語（オルタナティヴストーリー）をつくりだす必要がある。いまこそ「語りあうこと」が求められているのだと思います（藤本幹人）★編集会議が対面で開けなくなった212号からの2年間、メールとビジネスチャットにZoomで全国とつながっての編集会議です。対面で話し合えないもどかしさはありつつ、逆に遠く離れた方とも意見を交わすことができていることはそれ以前にはなかったことだと思います。これからは両方の良さを生かしていければと思います。また、今回は執筆者の中でコロナに感染しながら原稿を仕上げて下さった方や、療養中に校正作業をしてくださった方などが複数いらっしゃいました。悪コンディションの中、本当にありがとうございました。（地井衣）

高校生活指導　第215号

2023年3月1日発行
編集　全国高校生活指導研究協議会
編集長　見波由美子
henshuchou@kouseiken.jp
発行　全国高校生活指導研究協議会
発売　教育実務センター
東京都千代田区三番町14－3岡田ビル4F
電話　03（6261）1226
FAX　03（6261）1230
印刷・製本　電算印刷株式会社
（年2回発行）